AF298408

204 C.

TRAITÉ

D'HARMONIE

Contenant

Les règles et les exercices nécessaires pour apprendre à bien accompagner un chant.

dédié à son Ami

FÉLIX CLÉMENT

PAR

P. F. MONCOUTEAU

Organiste de St Germain des Prés, Professeur de composition, ancien répétiteur à l'Institution des jeunes aveugles, Auteur d'un Manuel de transposition musicale.

Prix. 20.

PARIS, chez Alexandre GRUS, Boulevart Bonne Nouvelle, 31
et chez L'AUTEUR, Rue St Denis, 41
1845

Vm.8 590

PRÉFACE.

Parmi les traités d'harmonie que j'ai lus, plusieurs me paraissent très bons, bien qu'ils soient composés dans des systèmes différents. Cependant je pense qu'il est nécessaire d'indiquer avec plus de précision qu'on ne le fait ordinairement, les règles à suivre pour pouvoir soi-même accompagner une basse non chiffrée.

Le chapitre IV a été consacré à cet objet. Quant à la manière d'accompagner un chant, beaucoup de traités n'en font pas même mention. J'ai cherché à combler cette lacune par les explications du chapitre V, et en plaçant à la fin des chapitres qui le suivent, des chants où se trouvent employés les accords à mesure qu'il en a été parlé.

Les premiers chants ne renferment que les notes réelles des accords; mais lorsqu'il m'a semblé qu'on devait être suffisamment exercé à accompagner de semblables chants j'ai composé d'autres motifs où se trouvent employées les notes étrangères.

Après avoir passé en revue tous les accords, j'ai, dans le chapitre XIII, donné quelques conseils sur la composition d'un morceau régulier, ainsi que des explications relatives à l'étendue des instruments et des voix.

Les exercices destinés à faire connaître les accords sont écrits pour le piano. Les leçons placées à la fin de l'ouvrage et écrites sur quatre clefs différentes s'adressent aux élèves qui desirent travailler plus sérieusement.

Quant à ceux qui n'ont que peu de temps à consacrer à l'étude de l'harmonie, ils pourront s'exercer sur les basses faciles que j'ai composées tout exprès, ou se borner à se rendre compte des accords dont se composent les préludes qui font suite à ces basses.

Ces préludes sont en outre destinés à former le goût; on pourra en copier le chant, et chercher à l'accompagner ou bien on en copiera la basse sur laquelle on composera plusieurs chants.

Je sais par expérience que tous les élèves ne peuvent pas être dirigés de la même manière; c'est pourquoi j'ai réuni, dans cet ouvrage, divers éléments de travail. Je serai heureux si ce traité obtient du public le même accueil que son aîné, LE MANUEL DE TRANSPOSITION MUSICALE.

NOTIONS PRELIMINAIRES.

1. La composition musicale comprend deux parties bien distinctes savoir: La **MÉLODIE**, ou l'invention du chant principal, et l'**HARMONIE** qui apprend à l'accompagner. Un accord est la réunion de plusieurs notes entendues simultanément. comme:  Les règles qui régissent les accords sont du domaine de l'harmonie. Pour bien accompagner un chant, il faut que les accords s'enchaînent régulièrement les uns aux autres, d'après certaines règles, qu'il est indispensable de connaître; c'est pourquoi l'étude de la composition doit commencer par celle de l'harmonie.

2. Les accords se distinguent par les intervalles qui les composent; un intervalle est la distance d'une note à une autre; il se compte à partir de la note la plus basse. Lorsque deux parties font entendre la même note sur le même degré, elles produisent un unisson.  La distance d'une note à la suivante dans l'ordre de la gamme, à la troisième, à la quatrième, etc: forme les intervalles de 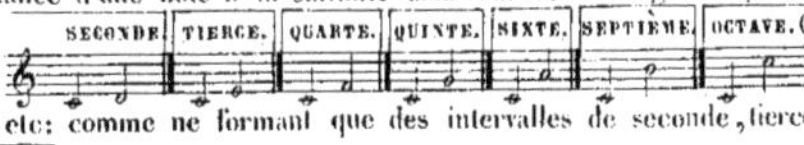

On considère les neuvièmes, les dixièmes, les onzièmes, etc: comme ne formant que des intervalles de seconde, tierce, quarte, etc: EX: 

parceque ces premiers intervalles sont formés des mêmes notes que les seconds.  comme  etc:

3. Pour renverser un intervalle il faut transporter la note la plus basse au-dessus, ou la plus haute à la basse; EX:  renversement  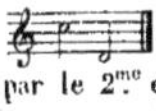 renversement  On voit par le 1er exemple que la seconde renversée a produit une 7me. et par le 2me exemple que la 7me. renversée donne une seconde. La tierce renversée produit une sixte et la sixte une tierce. EX: 

La quarte donne la quinte au renversement et vice versa. EX: 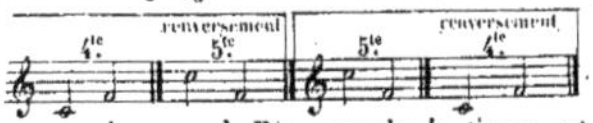

4. Un intervalle quelconque peut être plus ou moins grand. Par exemple, la tierce est mineure lorsqu'elle renferme un ton et un demi-ton, comme d'UT à MI ♭. Elle est majeure, lorsqu'elle comprend deux tons, comme d'UT à MI ♮. On indique les différents intervalles par les mots *Diminué*, *Mineur*, *Majeur* et *Augmenté*. Un intervalle mineur produit en le renversant un intervalle majeur, et vice versa. Par ex: il y a une **2de.** mineure d'UT à RÉ ♭.  parceque le RÉ ♭ est très rapproché de l'UT, il est par conséquent très éloigné de l'UT de l'octave supérieure, voilà pourquoi la septième  qui est le renversement de  se trouve majeure. D'UT à RÉ ♮ il y a une **2de.** majeure, parcequ'ici le RÉ est plus éloigné de l'UT. Il est par conséquent plus rapproché de l'UT de l'octave supérieure, c'est ce qui fait que la **7me.**  est mineure. On prouverait de même qu'un intervalle augmenté produit en le renversant un intervalle diminué et réciproquement. Lorsque l'élève connaîtra bien les différents intervalles de **2de.**, de **3ce.** et de **4te.**, il pourra facilement juger de la nature des intervalles de **5te.**, de **6te.** et de **7me.**, puisqu'en renversant ces derniers intervalles il retrouvera les premiers.

Pour retenir par cœur le nombre de tons et de demi-tons qui entrent dans chaque intervalle, il faut faire les observations suivantes.

Remarquez d'abord, dans le tableau ci-après, qu'une **2de.** comme d'UT à RÉ, ne renferme qu'un intervalle. Une tierce, comme d'UT à MI, en renferme deux, que l'on trouve en procédant diatoniquement d'UT à RÉ et de RÉ à MI. Une **4te.** comme d'UT à FA, en contient 3. (d'UT à RÉ, de RÉ à MI et de MI à FA.) En un mot les **2des.**, les **3ces.** les **4tes.**, etc: renferment un intervalle de moins que leur nom ne semble l'indiquer. Remarquez ensuite que chaque intervalle, excepté l'octave, se présente sous 3 faces différentes: les plus petits, les moyens et les plus grands. Il se rencontre deux demi-tons dans les plus petits intervalles, il n'y en a qu'un dans les moyens, et les plus grands ne renferment que des tons. Ainsi, d'après ces observations, une **4te.** diminuée, par exemple, renfermant trois intervalles et étant la plus petite des quartes, se compose d'un ton et deux demi-tons. Une quinte juste, renfermant quatre intervalles et étant la moyenne des 3

(1) Nous désignerons quelquefois ces intervalles par abréviation; ainsi 2de. signifiera Seconde; 3ce. Tierce; 4te. Quarte; 5te. Quinte; 6te. Sixte; 7me. Septième; 8ve. Octave, etc:

espèces de quintes, se compose de 3 tons et d'un demi-ton. La sixte augmentée, renfermant cinq intervalles, et é_
tant la plus grande de toutes les sixtes, contient 5 tons. La 2.de et la 7.me sont en dehors de ces explications. Il est fa_
cile d'apprendre les différentes espèces de secondes, quant aux septièmes, on remarquera que la 7.me diminuée renfer_
me 3 demi-tons, la 7.me mineure deux, et la 7.me majeure un. En analysant le tableau des intervalles comme je viens de
le faire, il sera bientôt gravé dans la mémoire.

TABLEAU DES INTERVALLES LES PLUS USITÉS EN HARMONIE .

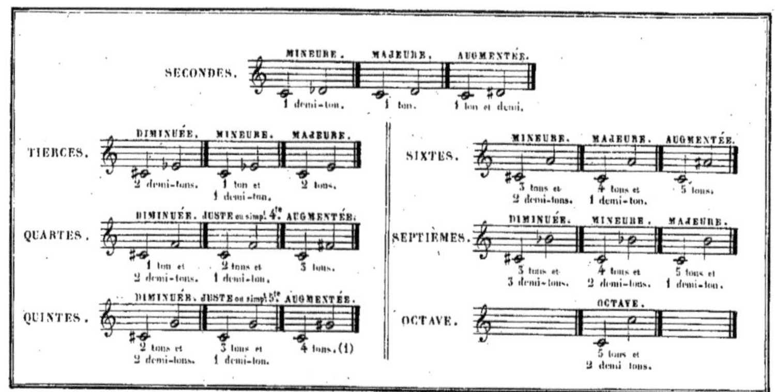

5. En touchant simultanément les 2 notes qui forment chaque intervalle du tableau, on reconnaît que tous ces inter_
valles sont consonnants, c'est-à-dire doux à l'oreille, excepté la 2.de la 7.me et tous les intervalles diminués ou augmen_
tés, que l'on appelle pour cela intervalles dissonnants ou simplement dissonnances.

CHAPITRE PREMIER.

DE L'ACCORD PARFAIT MAJEUR, DE L'ACCORD PARFAIT MINEUR ET DE L'ACCORD DE QUINTE DIMINUÉE.

1. L'accord parfait est une note de basse accompagnée de sa tierce et de sa quinte juste. (2) L'accord parfait est
majeur si la tierce est majeure et mineur si la tierce est mineure.

Exemples d'accords parfaits sur UT.

On voit par ces exemples que pour écrire à 4 parties il faut nécessairement doubler, c'est-à-dire répéter l'une
des 3 notes de l'accord, et ensuite que ces notes peuvent être disposées de différentes manières à la main droite.
Ces divers arrangements se nomment faces ou positions.

2. Dans les solféges et dans les leçons d'harmonie on indique l'accord qui doit accompagner chaque note de
basse par des chiffres placés au-dessus de ces notes. L'accord parfait se chiffre indifféremment par 3 ou par 5,
ainsi 𝄢 3/5 signifie qu'il faut employer UT MI SOL pour accompagner l'UT, et RÉ FA LA pour accompa_
gner le RÉ. Souvent même on ne chiffre pas les notes qui portent accord parfait.

---

(1) Pour trouver plus aisément ces 4 tons, supposez le FA ♯. Dans la sixte augmentée vous supposerez le FA ♯ et le SOL ♯.

(2) C'est toujours de la basse qu'il faut compter tous les intervalles des accords.

3. Il est défendu de faire deux quintes ou deux octaves de suite entre les mêmes parties.

EXEMPLE.

Mauvais.

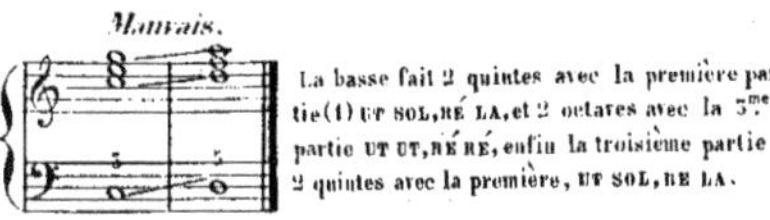

La basse fait 2 quintes avec la première partie(1) UT SOL, RÉ LA, et 2 octaves avec la 3.me partie UT UT, RÉ RÉ, enfin la troisième partie 2 quintes avec la première, UT SOL, RÉ LA.

Bon.

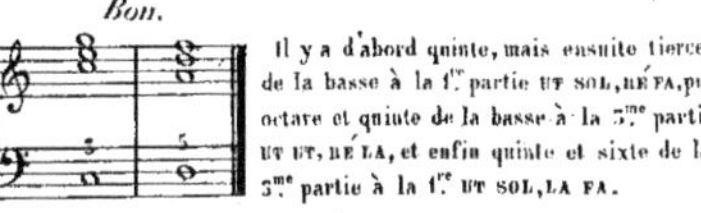

Il y a d'abord quinte, mais ensuite tierce de la basse à la 1.re partie UT SOL, RÉ FA, puis octave et quinte de la basse à la 3.me partie UT UT, RÉ LA, et enfin quinte et sixte de la 3.me partie à la 1.re UT SOL, LA FA.

Remarquez que pour éviter les quintes et les octaves consécutives, nous avons employé le mouvement contraire entre la main droite et la basse(2), c'est ainsi qu'il faut faire lorsqu'on a l'accord parfait sur deux notes qui se suivent diatoniquement, comme ici UT et RÉ.

Les quintes consécutives sont interdites parcequ'elles choquent l'oreille; et les octaves parcequ'elles ne produisent pas assez d'harmonie.

4. Pour analyser nos exemples avec fruit, il faut se rendre compte des notes que les chiffres indiquent pour être employées, rechercher entre quelles parties existent les quintes et les octaves, et en général, comment sont appliquées les règles contenues dans ce cours. Les leçons numérotées sont celles que l'élève doit faire. Il comparera les siennes avec les nôtres. Copiez les basses suivantes sur la clef de FA, écrivez l'accompagnement sur la clef de SOL, ou sur 3 clefs différentes, si le professeur le juge convenable, et faites de même pour toutes les basses données (3). Elles seront précédées de la lettre initiale **B**.

B.
N.°1.

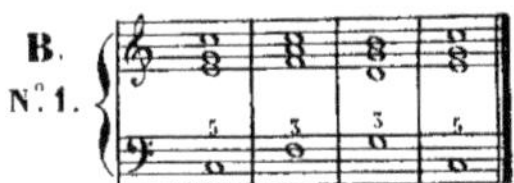

B.
N.°2.

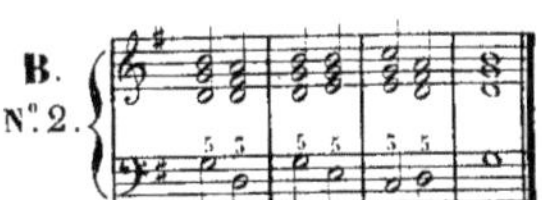

On doit éviter, comme dans ces exemples, de trop faire sauter les parties.

5. L'accord de quinte diminuée se compose de la tierce mineure et de la quinte diminuée de la basse.

EX:

Le trait qui traverse le chiffre indique toujours un intervalle diminué.

B.
N.°3.

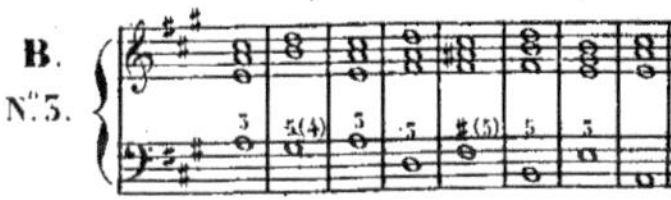

B.
N.°4.

(1) Nous appelons première partie celle qui est la plus haute; seconde partie celle d'au-dessous et ainsi de suite.

(2) Le mouvement contraire est celui qui consiste à faire monter une partie lorsque l'autre descend.

(3) Les leçons sur des clefs différentes commencent à la page **57**. On trouve dans mon **Manuel de transposition musicale** des exercices pour apprendre toutes les clefs.

(4) Lorsque la basse fait entendre la note sensible puis la tonique, comme ici SOL ♯ et LA, on doit autant que possible éviter de doubler cette note sensible dans l'accompagnement, c'est pour cela que je n'ai pas mis le SOL ♯ à la main droite. La note sensible est la 7.me note du ton; elle se trouve un demi-ton au-dessous de la tonique, dans le mode majeur comme dans le mode mineur, ainsi la note sensible de LA mineur est SOL ♯.

(5) Les ♯, les ♮, et les ♭, désignent toujours l'altération de la tierce, lorsqu'ils ne sont pas placés à côté d'un chiffre; et quand ils sont seuls au-dessus de la note, il faut faire l'accord parfait. En général on doit indiquer au chiffre les accidents qui ne sont pas à la clef. EX:

(6) Remarquez qu'il y a 2 quintes de suite entre la basse et la 1.re partie d'UT à SOL, et de SI à FA. Cela peut se faire parcequ'on tolère deux quintes de suite, pourvu que la seconde soit diminuée. Mais l'exemple suivant serait mauvais parceque la deuxième quinte, UT SOL, est juste.

CHAPITRE II.

DES RENVERSEMENTS DE L'ACCORD PARFAIT ET DE L'ACCORD DE QUINTE DIMINUÉE.

1. Chacune des 3 notes de l'accord parfait peut être mise à la basse. Dans l'accord parfait d'UT, par exemple, au lieu de placer l'UT à cette partie.................... on peut y mettre le MI seconde note de l'accord.

On obtient ainsi le 1.ᵉʳ *renversement de l'accord parfait*, qui est, comme on voit, composé de tierce et sixte.

On le nomme *Accord de sixte*; il se chiffre par 6. (La tierce entre dans tous les accords où il n'y a ni 2 ni 4.) Par conséquent, signifie que les notes de l'accord sont FA LA RÉ pour le FA, et LA UT FA pour le LA.

2. Si nous mettons à la basse la troisième note de l'accord parfait, par exemple, le SOL de l'accord d'UT nous obtiendrons le second renversement de l'accord parfait qui est composé de quarte et sixte; on le nomme accord de quarte et sixte; il se chiffre par $\frac{6}{4}$, conséquemment donne RÉ SOL SI, pour le RÉ, et UT FA LA pour l'UT. On trouvera de la même manière les renversements des accords que nous verrons dans la suite.

3. On appelle *Basse fondamentale* ou *Note principale d'un accord*, celle qui étant mise à la basse donne un accord parfait ou, en général, un accord non renversé; ce qui est facile à reconnaître, car en nommant les notes de l'accord en partant de sa basse fondamentale, on trouve toujours une suite de tierces. Ainsi dans l'exemple suivant: Le FA est la note fondamentale des trois accords, puisque c'est cette note qu'il faut mettre à la basse pour avoir l'accord parfait FA LA UT. Il y a suite de tierces de FA à LA, et de LA à UT.

Le Losange (◆) servira à indiquer par sa position la basse fondamentale de l'accord auquel il sera joint.

B N.° 5.

B N.° 6.

4. On doit éviter autant que possible de faire franchir à une partie des intervalles augmentés ou diminués, particulièrement ceux de 2.ᵈᵉ augmentée, 3.ᶜᵉ diminuée, 4.ᵉ diminuée et leurs renversements, ainsi que l'intervalle de 7.ᵐᵉ. Ces sortes de successions ne sont pas agréables et présentent des difficultés pour l'intonation des voix.

Dur.

EXEMPLE. Parceque la 2.ᵐᵉ partie fait une seconde augmentée de LA ♭ à SI ♮. Il vaut mieux faire descendre le LA ♭ au SOL.

5. Lorsqu'on fait sauter la première partie d'une tierce ou d'un plus grand intervalle surtout pour des voix, il est bon de ne pas la faire tomber sur la quinte ou l'octave de la basse, les deux parties arrivant sur ces intervalles par mouvement semblable.(2)

Dur.

EXEMPLE. Dans le premier exemple la première partie tombe en sautant sur la quinte de la basse; elle arrive sur l'octave dans le second, et elle marche toujours par mouvement semblable avec la basse. La première partie peut cependant tomber sur la quinte ou l'octave de la basse pourvu qu'elle procède par mouvement contraire avec cette dernière, comme dans l'exemple suivant..................................

---

(1) Dans cette mesure il y a 2 octaves de suite de la basse à la 2.ᵈᵉ partie, de SOL à SOL, et de SOL à SOL. Cela peut se faire tant que les parties conservent la même note. Mais l'exemple suivant est mauvais. parceque le second SOL étant dièze, il y a réellement changement de note et par conséquent 2 octaves de suite.

(2) On dit qu'il y a mouvement semblable lorsque les parties montent ou descendent en même temps.

CHAPITRE III.

DE LA SEPTIÈME DE DOMINANTE.

1. Tous les accords de 7.me sont formés de tierce, quinte et septième. L'accord de 7.me de domi-nante se fait sur la 5.me note du ton, dans le mode majeur comme dans le mode mineur; par exemple, sur le SOL en UT, sur le LA en RÉ etc: (5). Il se compose d'un accord parfait majeur et d'une septiè-me mineure, et se chiffre, comme on voit par $\frac{7}{4}$. 

2. Dans les accords de 7.mes et leurs renversements, on emploie ordinairement ce signe **+**, pour désigner la note sen-sible, lorsque cette note entre dans l'accord. La note sensible se trouve naturellement une tierce majeure au-des-sus de la basse de la 7.me de dominante, d'où il suit que dans l'exemple précédent, la + représente le SI tierce ma-jeure du SOL de la basse, et note sensible du ton d'UT.

3. Outre la note sensible indiquée, comme on vient de le dire, par la croix, les chiffres des renversements des accords de 7.me doivent représenter la basse fondamentale et la septième de l'accord. Par exemple SOL et FA dans les renversements de qui se chiffrent ainsi: Le premier par $\frac{6}{5}$. (6) le second par $\frac{+}{4}$. (7) le troisième par $\frac{+}{2}$. (8)

Le FA et le SOL sont représentés par $\frac{6}{5}$ dans le premier renversement et par $\frac{4}{3}$ dans le second, etc: etc:

Ainsi dans les renversements de la 7.me de dominante, comme dans ceux des septièmes dont nous parlerons plus tard, le chiffre supérieur représente la basse fondamentale de l'accord, et le chiffre inférieur la 7.me qui est dissonnante et doit descendre d'un degré, comme on va le voir dans le numéro suivant.

4. La 7.me de dominante fait sa résolution sur l'accord parfait de la tonique, c'est-à-dire qu'elle doit être suivie de cet accord. EX: ....

La note sensible se résout en montant d'un demi-ton; Ainsi dans cet exemple le SI est monté à l'UT.

La 7.me de l'accord se résout en descendant d'un degré; ainsi le FA est descendu au MI. Ces deux notes suivent la même mar-che dans les renversements, elles ne peuvent se doubler. En effet, si l'on répétait, par exemple, le FA dans plusieurs parties, cet-te note devant descendre au MI, il en résulterait 2 octaves de suite entre vos parties, ce qui est défendu.

---

(1) Je n'ai mis quelquefois que 2 notes à la main droite pour éviter les quintes ou les octaves défendues, ou pour ne pas trop faire sauter la main. Il y aurait ici 2 octaves de suite de la basse à la troisième partie, si j'avais écrit de cette manière:

(2) Il faut se souvenir que le 5 désigne positivement l'accord de quinte diminuée formé de 5.te mineure (1 ton et un demi-ton) et de 5.te diminuée (2 tons et 2 demi--tons); c'est pourquoi j'ai mis le SI ♭ à l'accompagnement.

(3) Un chiffre suivi d'une barre signifie que les notes données par ce chiffre doivent accompagner toutes celles qui sont au-dessous de la barre. On voit que RÉ FA LA donné par le 5 sert pour accompagner le RÉ et la note suivante. Tout en conservant les mêmes notes de l'accord, la main droite peut changer de position, comme je l'ai fait à la 5.me mesure, ce qui est souvent nécessaire pour éviter des octaves et des quintes consécutives.

(4) Les pianistes feront bien de revenir souvent sur les basses dont l'accompagnement n'est pas écrit au-dessus afin de le trouver de suite au piano sans l'écrire, ce qui les accoutumera à bien enchaîner les accords sans avoir pour ainsi dire le temps de la réflexion. Ils s'exerceront de même sur les basses des leçons à 4 parties, Page 57.

(5) Lorsqu'on dit qu'un accord se fait sur tel ou tel degré de la gamme, c'est toujours la note de basse qu'il faut mettre sur ce degré.

(6) Il se fait sur la septième note du ton, et se compose d'une tierce mineure, d'une quinte diminuée, et d'une sixte mineure.

(7) Il se fait sur la seconde note du ton, et se compose d'une tierce mineure, d'une quarte juste, et d'une sixte majeure, indiquée par la croix.

(8) Il se fait sur la quatrième note du ton, et se compose d'une seconde majeure, d'une quarte augmentée, désignée par la croix, et d'une sixte majeure.

Résolution de la 7.me de dominante et ses renversements commençant a la 1.re position. (1)

1.re POSITION.

5. On voit par cet exemple que le 1.er renversement se résout à la basse en montant d'un degré parceque la note sensible est à cette partie. Le 2.me renversement se sauve en montant ou en descendant d'un degré, et le 3.me en descendant seulement, attendu que la basse fait elle-même la dissonnance. La 7.me de dominante s'emploie dans le mode mineur comme dans le mode majeur. Voici la même leçon en UT mineur, aux autres positions.

2.me POSITION.

3.me POSITION.

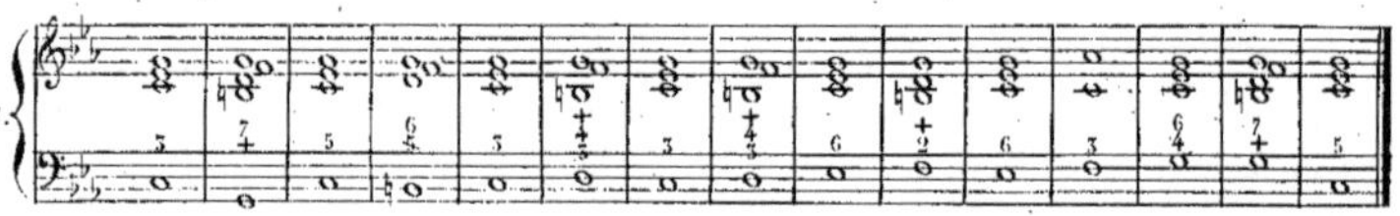

L'élève doit chercher à résoudre la 7.me de dominante et ses renversements dans tous les tons, et faire de même pour tous les accords que nous verrons par la suite.

Mauvais.

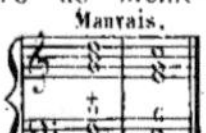

6. La basse fondamentale d'un accord de 7.me quelconque, dans quelque partie qu'elle soit placée, ne peut descendre sur la même note que la dissonnance. EX: ....

Parceque la 3.me partie qui fait le SOL, basse fondamentale de l'accord de 7.me de dominante, descend sur le MI, comme celle qui fait la dissonnance FA. Il vaut mieux écrire de cette manière.

7. Jusqu'ici j'ai écrit la 7.me de dominante à cinq parties; c'est le seul moyen d'avoir toutes les notes de cet accord et celles du suivant. En effet si l'on veut écrire à 4 parties seulement 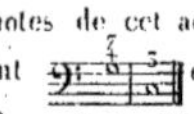 on peut le faire des 2 manières suivantes qui sont également bonnes.

ou N.°1. ou N.°2.

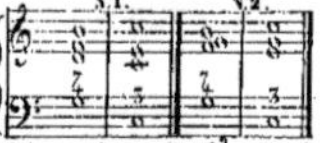

Dans le N.°1, l'accord de 7.me de dominante est complet; mais on est forcé de supprimer la quinte de l'accord parfait, car le SI doit monter à l'UT, le FA doit descendre au MI, et le RÉ de la 3.me partie formant déjà une quinte avec le SOL de la basse ne peut aller au SOL qui produirait une seconde quinte avec la basse qui fait UT. Dans le N.°2 l'accord parfait est complet; pour cela j'ai supprimé la quinte de la 7.me de dominante, cet intervalle étant moins utile que la tierce.

B. (3)
N.° 10.

(1) Dans la première position de l'accord parfait, le chant fait l'octave de la basse, il fait la tierce dans la seconde, et la quinte dans la troisième.

(2) Il faut se rappeler que la croix désigne la note sensible, et qu'ainsi elle indique une tierce majeure (2 tons) dans $\frac{7}{+}$, une 6.te majeure (4 tons et un $\frac{1}{2}$ ton) dans $\frac{\overset{+}{4}}{3}$, une quarte augmentée (3 tons) dans $\overset{+}{2}$, c'est pourquoi j'ai dans cet exemple, écrit à l'accompagnement le SI ♮ note sensible du ton d'UT mineur.

(3) Avant d'écrire une leçon d'harmonie il faut avoir soin d'en exécuter la basse seule sur un instrument, ou de la chanter pour en saisir toutes les modulations, ce qui aidera à trouver les signes accidentels donnés par les barres (—) et par les croix (+).

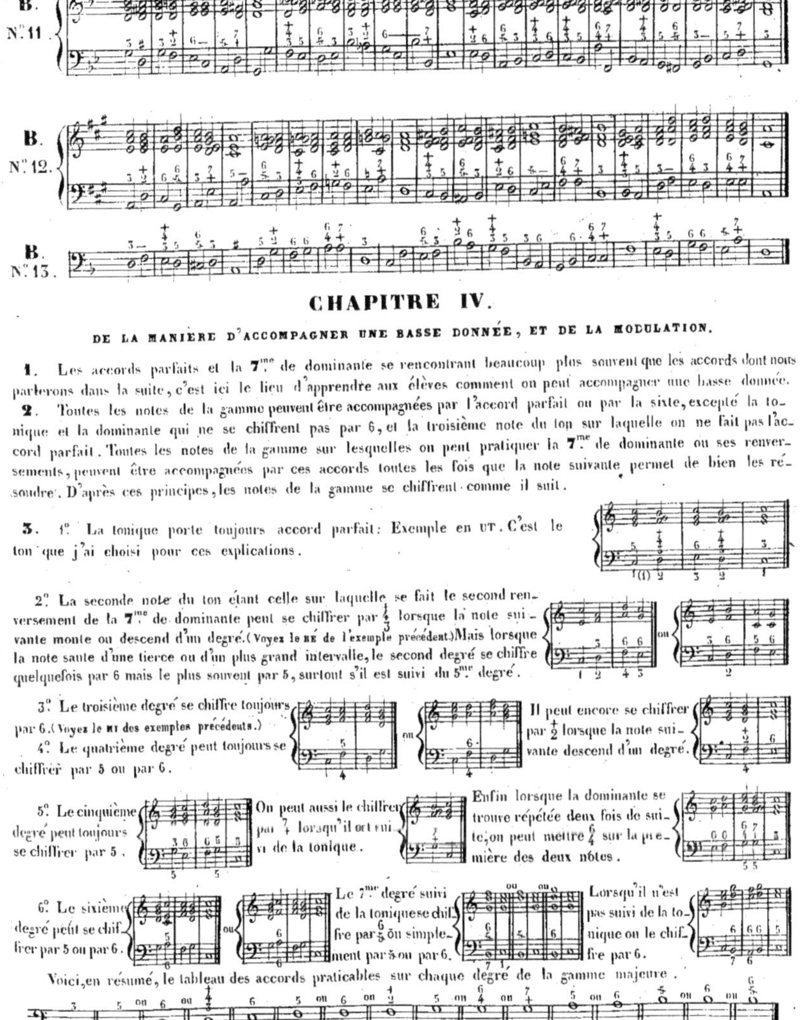

CHAPITRE IV.

DE LA MANIÈRE D'ACCOMPAGNER UNE BASSE DONNÉE, ET DE LA MODULATION.

1. Les accords parfaits et la **7**.me de dominante se rencontrant beaucoup plus souvent que les accords dont nous parlerons dans la suite, c'est ici le lieu d'apprendre aux élèves comment on peut accompagner une basse donnée.

2. Toutes les notes de la gamme peuvent être accompagnées par l'accord parfait ou par la sixte, excepté la tonique et la dominante qui ne se chiffrent pas par 6, et la troisième note du ton sur laquelle on ne fait pas l'accord parfait. Toutes les notes de la gamme sur lesquelles on peut pratiquer la **7**.me de dominante ou ses renversements, peuvent être accompagnées par ces accords toutes les fois que la note suivante permet de bien les résoudre. D'après ces principes, les notes de la gamme se chiffrent comme il suit.

3. 1°. La tonique porte toujours accord parfait: Exemple en UT. C'est le ton que j'ai choisi pour ces explications.

2°. La seconde note du ton étant celle sur laquelle se fait le second renversement de la **7**.me de dominante peut se chiffrer par $\frac{4}{3}$ lorsque la note suivante monte ou descend d'un degré. (Voyez le RÉ de l'exemple précédent.) Mais lorsque la note saute d'une tierce ou d'un plus grand intervalle, le second degré se chiffre quelquefois par 6 mais le plus souvent par 5, surtout s'il est suivi du 5.me degré.

3°. Le troisième degré se chiffre toujours par 6. (Voyez le MI des exemples précédents.) Il peut encore se chiffrer par $\frac{+}{2}$ lorsque la note suivante descend d'un degré.

4°. Le quatrième degré peut toujours se chiffrer par 5 ou par 6.

5°. Le cinquième degré peut toujours se chiffrer par 5. On peut aussi le chiffrer par 7 lorsqu'il est suivi de la tonique. Enfin lorsque la dominante se trouve répétée deux fois de suite, on peut mettre $\frac{6}{4}$ sur la première des deux notes.

6°. Le sixième degré peut se chiffrer par 5 ou par 6. Le 7.me degré suivi de la tonique se chiffre par $\frac{6}{5}$ ou simplement par 5 ou par 6. Lorsqu'il n'est pas suivi de la tonique on le chiffre par 6.

Voici, en résumé, le tableau des accords praticables sur chaque degré de la gamme majeure.

---

(1) Les chiffres qui sont placés au-dessous des notes indiquent le degré qu'elles occupent dans la gamme à partir de la tonique en montant.

4. Les différents degrés de la gamme d'UT mineur où l'on sait qu'il y a 3 bémols à la clef se chiffrent comme ceux du mode majeur, si ce n'est qu'au lieu de mettre 5 sur le RÉ, seconde note du ton, on y met ♯5 parceque RÉ FA LA♭ forment un accord de quinte diminuée. L'accord parfait sur la dominante doit toujours être majeur pour contenir la note sensible, par exemple le SI♮ en UT mineur. C'est pour indiquer cette note sensible que dans le tableau des accords pour le ton mineur qui suit, j'ai chiffré le SOL par ♮ et le RÉ par ♮6. On trouvera dans ce tableau le LA♮ et le SI♭ parce que dans la gamme d'UT mineur on fait souvent le LA♮ en montant et le SI♭ en descendant.

Tableau des accords praticables sur chaque degré de la gamme mineure.

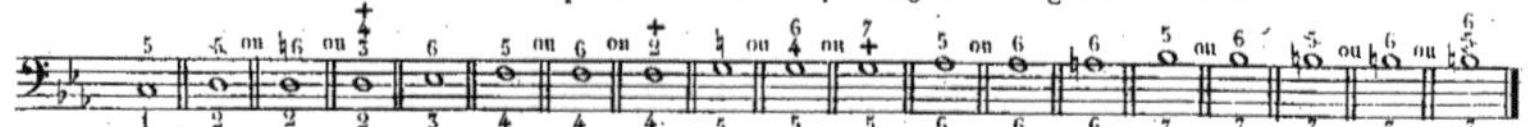

Il faut, comme je l'ai déjà dit, se rendre compte des modulations que renferment les leçons d'harmonie afin d'appliquer dans chaque ton nouveau les règles que je viens de donner pour le ton d'UT.

5. La seconde note de la gamme peut porter accord parfait, quoique la note suivante monte ou descende d'un degré, pourvu qu'elle ne soit pas amenée par degré conjoint. Ainsi en UT, le RÉ suivi d'un MI ou d'un UT, peut se chiffrer par 5, s'il n'est pas précédé de l'une de ces deux notes.

6. Quand la basse fait une suite de notes diatoniques en descendant on peut moduler passagèrement dans le ton de la dernière de ces notes, en y mettant l'accord parfait et $\frac{4}{3}$ sur celle qui la précède. (Voyez LA et SOL de la suite diatonique UT SI LA SOL qui se trouve dans l'exemple suivant.)

---

(1) Le 6me degré placé entre le 5me et le 7me se chiffre plutôt par 6 que par 5.

(2) Il est clair que dans les cas où on peut chiffrer le second degré par $\frac{4}{3}$ on peut aussi le chiffrer par 6 ou $\frac{6}{4}$. En effet si l'on retranche le SOL de RÉ FA SOL SI, il ne reste plus qu'une sixte, RÉ FA SI. De même si nous retranchons le FA, il ne reste plus que la quarte et sixte RÉ SOL SI. Dans les leçons sur les renversements de l'accord parfait j'ai souvent accompagné le second degré de ces deux manières.

Les phrases suivantes peuvent donc se chiffrer de plusieurs manières.

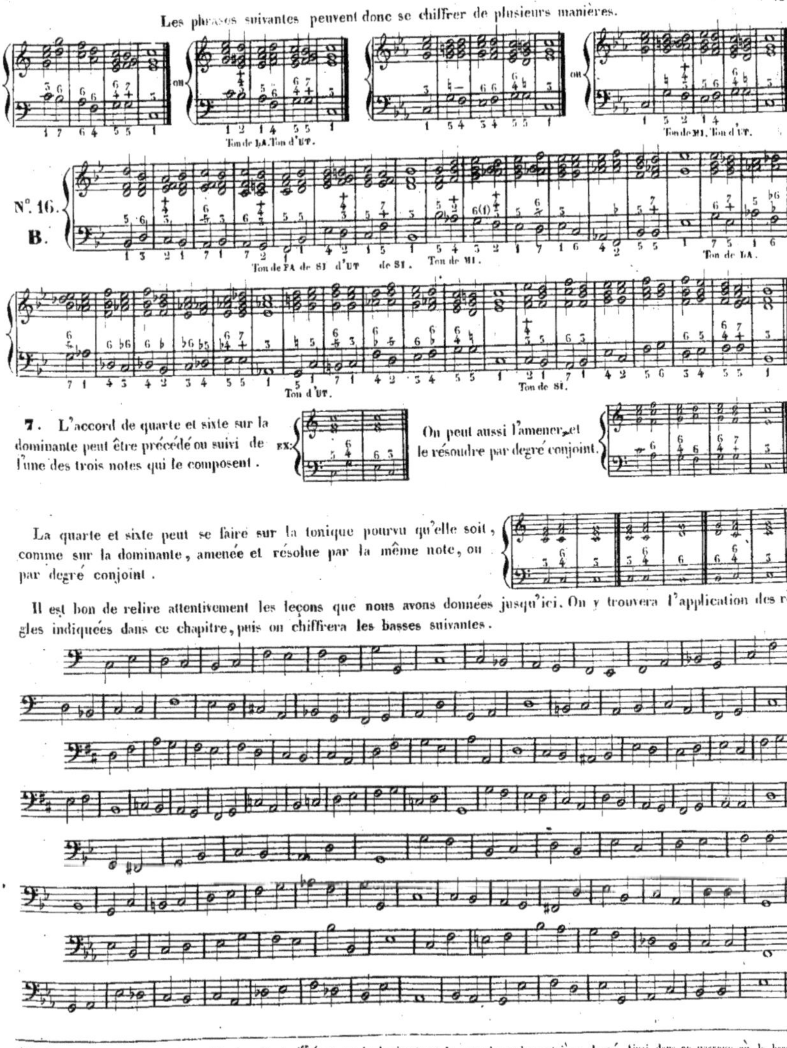

7. L'accord de quarte et sixte sur la dominante peut être précédé ou suivi de l'une des trois notes qui le composent.

On peut aussi l'amener, et le résoudre par degré conjoint.

La quarte et sixte peut se faire sur la tonique pourvu qu'elle soit, comme sur la dominante, amenée et résolue par la même note, ou par degré conjoint.

Il est bon de relire attentivement les leçons que nous avons données jusqu'ici. On y trouvera l'application des règles indiquées dans ce chapitre, puis on chiffrera les basses suivantes.

(1) On fait rarement 2 accords parfaits de suite, le 1er. étant sur la dominante et le second sur le quatrième degré. Ainsi dans ce passage où la basse descend diatoniquement du 5me. au 3me. degré (SI LA SOL) puisqu'il y a déjà un accord parfait sur le SI, le LA, quatrième degré ne peut être chiffré que par 2 ou par 6. Mais on pourrait bien y mettre un accord parfait si la dominante portait quarte et sixte.

8. On peut employer successivement un accord de **7**^{me} quelconque et ses renversements sans que chacun d'eux soit résolu en particulier, pourvu que le dernier le soit régulièrement. **EX** ....

9. On peut résoudre la **7**^{me} de dominante sur d'autres notes que la tonique, pourvu que l'on fasse descendre la dissonnance. **EX** ....

La dissonnance peut cependant rester en place : pour cela on fait monter la basse fondamentale. **EX** ..

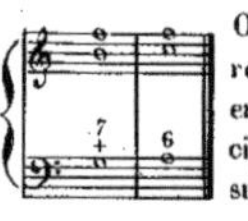

On peut aussi résoudre les renversements par exception en observant ces mêmes principes. Ainsi dans l'exemple suivant :

la dissonnance FA restant en place, le SOL basse fondamentale de l'accord doit monter au LA et non pas descendre sur le FA.

N.° 17.
B.

DE LA MODULATION.

10. Moduler, c'est changer de ton. Les modulations les plus ordinaires sont celles qui se font dans les tons relatifs du ton d'où l'on part. On appelle ton relatif d'un ton donné celui qui a les mêmes accidents à la clef ou qui n'a qu'un ♯ ou un ♭ de plus ou de moins que ce ton. Par exemple RÉ mineur et MI mineur sont relatifs d'UT majeur, car dans l'un il n'y a qu'un ♭ et dans l'autre un ♯ de plus qu'en UT. Les autres tons relatifs d'UT majeur sont FA majeur, SOL majeur, et LA mineur.

11. Une des meilleures manières de moduler est de faire entendre la **7**^{me} de dominante du ton dans lequel on veut passer, ou un de ses renversements, parceque ces accords renferment la note sensible et se résolvent sur la tonique.

Voici quelques exemples.

D'UT en RÉ mineur par la septième de dominante.

D'UT en MI mineur par la septième de dominante.

12. Les modulations dans les tons relatifs sont si faciles et si naturelles qu'on peut toujours en placer dans des phrases qui, au premier coup d'œil, n'en paraissent pas susceptibles.

Ainsi au lieu de  on peut faire

Au lieu de on peut faire

C'est par le bon emploi des modulations passagères dans les tons relatifs qu'un compositeur habile accompagne ses mélodies par une harmonie riche et variée, ce qui vaut infiniment mieux que ces modulations brusques dans des tons éloignés, qui ne font le plus souvent que choquer l'oreille et détruire le charme de la mélodie.

13. On peut moduler d'un ton majeur au même ton mineur, et vice versa, comme dans l'exemple suivant où j'ai passé successivement d'UT majeur en UT mineur et d'UT mineur en UT majeur.

14. Je donnerai pour la modulation dans des tons éloignés la même règle que pour les tons relatifs, c'est-à-dire qu'il faut amener la 7me de dominante du ton dans lequel on veut aller, ou un de ses renversements, puis on résout sur l'accord parfait majeur ou mineur, selon le mode dans lequel on veut moduler. Le choix des accords pour moduler dépend de la volonté du compositeur, mais il est clair qu'il faut employer des accords qui renferment quelques uns des nouveaux accidents nécessaires pour constituer le ton où l'on veut passer. Par exemple, on amènera de nouveaux dièzes ou de nouveaux bémols, selon que le ton dans lequel on veut moduler a plus de ♯ ou de ♭ à la clef que celui d'où l'on part. Il est facile d'amener ces accidents, car chaque note du ton d'où l'on part peut être montée ou baissée d'un demi-ton. Ainsi un MI ♮ peut devenir ♯ ou ♭. Mais pour rendre la modulation plus douce, il faut que les ♯, les ♮ et les ♭ accidentels ne soient que des altérations de la même note, comme un SOL ♮ qui devient ♭, ou qu'ils soient amenés par degré conjoint. Avec ces précautions si les accords que l'on fait sont enchaînés sans faute, la modulation sera bonne.

Voici quelques exemples.

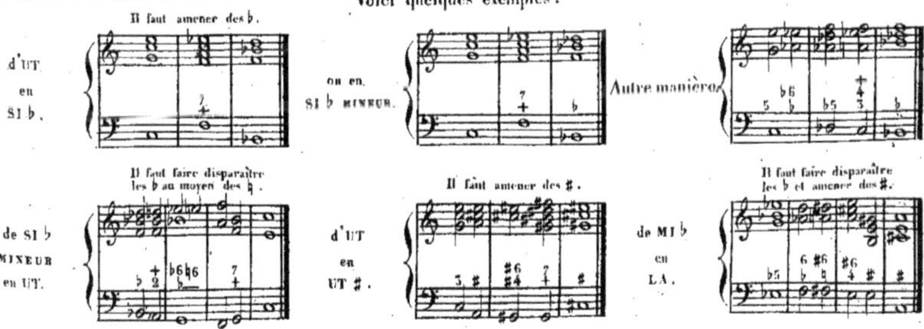

15. Maintenant que nous avons indiqué la manière de moduler, l'élève doit composer lui-même des leçons d'harmonie dans le genre de celles que nous avons données jusqu'ici et en écrire l'accompagnement. Il en composera de même pour employer les autres accords à mesure que nous les passerons en revue, sans être pour cela dispensé de faire les leçons de ce cours. Cet excellent exercice donne en peu de temps l'habitude de l'harmonie. Voici le plan de quelques leçons. 1°. En UT majeur, modulez en SOL majeur, en LA mineur et en UT majeur. Pour cela, écrivez une basse composée de quelques notes à volonté dans le ton d'UT. On aura soin de les terminer par la tonique précédée de la dominante (SOL-UT) afin d'indiquer clairement le ton que l'on quitte. Cette terminaison forme ce qu'on appelle une cadence parfaite. Ce n'est qu'après cette cadence parfaite que la modulation doit avoir lieu. On fera la même chose pour les autres tons donnés, puis on chiffrera le tout.

Le N°. 10 a été composé sur ce plan. —— 2°. En UT majeur, modulez en RÉ mineur, en FA majeur et en UT. 3°. En MI mineur, modulez en SI mineur, en RÉ majeur et en MI. Je ne donne ces plans que pour faire comprendre ce que je demande; il ne faut d'abord moduler que dans les tons relatifs.

CHAPITRE V.

DE LA MANIÈRE DE FAIRE UNE BASSE A UN CHANT DONNÉ.

1. Un morceau de musique quelque court qu'il soit, se compose de plusieurs phrases qui ont ordinairement un nombre pair de mesures, le plus souvent quatre; on les appelle phrases carrées. Elles se terminent presque toujours par un silence. (Voyez les mesures 4, 8, 12, 16, du chant suivant.)

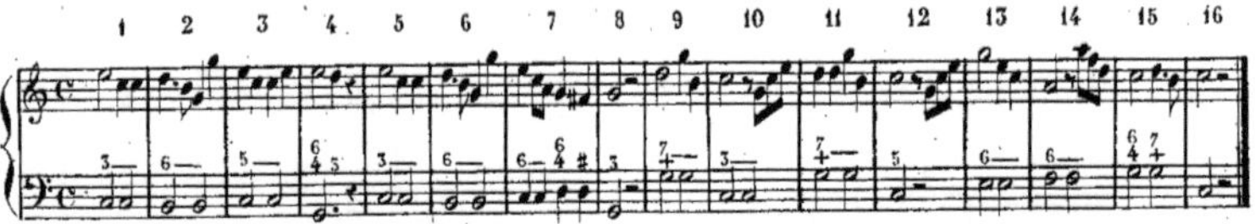

2. Il y a 3 notes qui se reproduisent dans la basse plus souvent que les autres pour accompagner une mélodie, savoir: La tonique, le quatrième degré, et le cinquième degré ou dominante, chiffrés comme il suit:

En UT 

Il est clair que si on module, en SOL par exemple, comme dans le morceau précédent, les trois notes de basse, seront:  Ces accords s'emploient de la manière suivante:

1°. La tonique se met au commencement du morceau. (Voyez la 1re. mesure du chant précédent.)

2°. A la fin des phrases on met la tonique ou la dominante portant accord parfait, selon que la mélodie se termine sur une note de l'un ou de l'autre accord (Voyez les mesures 4, 8, 12, 16.)

3°. Lorsqu'une phrase finit sur la tonique cette note doit être précédée de la dominante portant accord parfait ou septième (Voyez les mesures 8-7, 12-11, 16-15.)

4°. Le quatrième degré s'emploie lorsque le chant fait entendre les notes de cet accord (Voyez les mesures 7, 14.) Il se rencontre ordinairement vers la fin de la phrase et alors il est presque toujours suivi du 5me. degré portant quarte et sixte ou accord parfait, selon que le chant renferme les notes de l'un ou de l'autre accord.

5°. La quarte et sixte se met à la fin des phrases immédiatement avant l'accord de la dominante (Voyez les mesures 4, 7, 15.)

6°. Au commencement et au milieu des phrases on peut mettre le 1er. renversement de l'accord parfait de la tonique et de la dominante, ainsi que la 7me. de dominante et ses renversements pourvu qu'ils soient bien résolus.

On vérifie la pureté de l'harmonie par laquelle on accompagne un chant en examinant si la basse est chiffrée conformément aux règles. Par exemple, on ferait une faute si l'on accompagnait ainsi FA MI, placés au chant parceque le LA, 6me degré de la gamme porterait quarte et sixte ce qui se fait rarement. Il faut mettre

Copiez le chant suivant sur la clef de SOL, écrivez et chiffrez une basse sur la clef de FA et faites de même pour tous les chants donnés. Ils seront précédés de la lettre initiale **C**. (1)

PHRASE DE SIX MESURES.

(1) Pour accompagner un solo instrumental ou vocal, on fait des basses dans le genre de celles qui se trouvent dans les chants suivants, et l'on remplit l'harmonie par les parties supérieures, comme dans toutes les leçons qui précèdent. C'est pour accoutumer l'élève à trouver de semblables basses que je donne ces exercices. Dans un morceau de piano, le besoin de produire de l'effet par un plus grand nombre de notes et la crainte de trop faire sauter la main, empêchent souvent de faire entendre ces basses majestueuses dont je parle, de sorte qu'à la fin d'une phrase, par exemple, au lieu de mettre la 7me de dominante à la basse, on emploie quelques fois un renversement; on complète les accords avec la main droite ou avec la main gauche en frappant simultanément les notes qui les composent; c'est ce qu'on appelle de l'harmonie plaquée, ou en les touchant successivement comme dans les batteries, c'est ce qui forme de l'harmonie brisée.

(2) Tout ce qui est en dehors de la mesure au commencement du morceau ne compte pas dans la phrase musicale qui ne commence qu'au frappé de la mesure, par exemple ici sur les quatre noires SI FA SI BÉ.

N.º 22.
C.

Ce morceau finit par deux octaves consécutives de MI à MI et de LA à LA. On les tolère dans ces sortes de termi-
naisons où le chant finit par les mêmes notes qui doivent terminer la basse la dominante et la tonique.

N.º 23.
C.

N.º 24.
C.

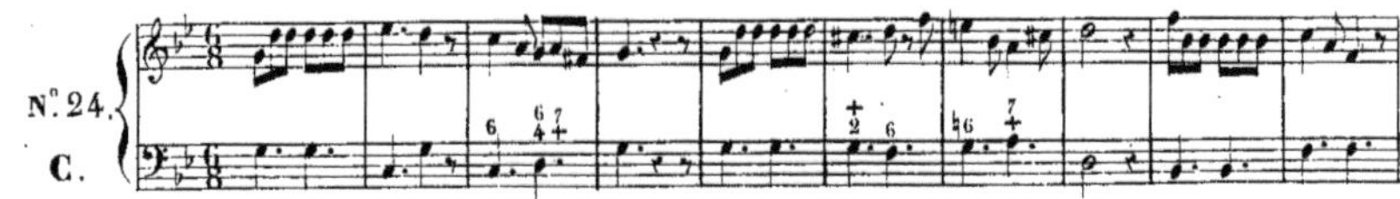

On fera bien de composer des chants simples dans le genre des suivants et de chercher à les accompagner.

N.º 25.
C.

CHAPITRE VI.

DE LA 7.ᵐᵉ DE SENSIBLE.

1. La 7.ᵐᵉ de sensible se fait sur la note sensible du ton majeur, par exemple, sur le SI en UT, sur l'UT ♯ en RÉ etc: Elle est composée d'un accord de quinte diminuée et d'une septième mineure. Elle se chiffre par $\frac{7}{5}$ ou simplement par 7.

Le premier renversement se chiffre par $\frac{+6}{5}$. Le second renversement se chiffre par $\frac{+4}{3}$. Le troisième renversement n'est pas usité. La + se met à côté du 6 dans le premier renversement et à côté du 4 dans le second, parceque ces intervalles représentent la note sensible. Voyez au surplus ce que j'ai dit dans le chapitre de la 7.ᵐᵉ de dominante sur la manière de chiffrer les accords de septième.

2. La 7.ᵐᵉ de sensible fait sa résolution sur la tonique, la note sensible, comme toujours, en montant et la septième en descendant d'un degré.

RÉSOLUTION DE LA 7.ᵐᵉ DE SENSIBLE ET DE SES RENVERSEMENTS.

Dans cet accord il vaut toujours mieux placer la 7.ᵐᵉ au chant que dans une partie intermédiaire, c'est pourquoi il ne faut étudier la 7.ᵐᵉ de sensible qu'à la 3.ᵐᵉ position.

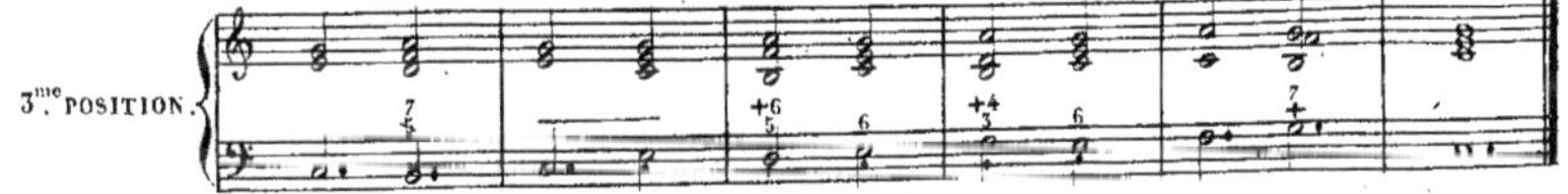

Je n'ai pas placé le premier renversement de la 7.ᵐᵉ de sensible immédiatement après l'UT de la seconde mesure. Cela aurait produit 2 quintes consécutives. d'UT à SOL et de RÉ à LA.

3. Les renversements de tous les accords de 7.ᵐᵉ se résolvent comme ceux de la 7.ᵐᵉ de dominante, les premiers en montant, les 2.ᵈˢ et les 3.ᵐᵉˢ en descendant d'un degré. Le 2.ᵐᵉ renversement de la 7.ᵐᵉ de dominante peut seul se résoudre en montant, bien entendu qu'il n'est ici question que des résolutions les plus ordinaires.

---

(1) Il se fait sur la seconde note du ton, et se compose de tierce mineure, quinte et sixte majeure.

(2) Il se fait sur la quatrième note du ton, et se compose de tierce majeure, quarte augmentée et sixte majeure.

4. Pour rendre plus doux l'effet de la **7**.ᵐᵉ de sensible que l'on emploie rarement, il faut disposer l'accompagnement du premier et du second renversement de manière que la dissonnance soit placée au-dessus de la note sensible comme dans l'exemple précédent où le LA se trouve toujours au-dessus du SI, de sorte que ces deux notes forment entre-elles un intervalle de septième.

Le 3ᵐᵉ renversement ne se fait pas parceque le LA étant à la basse, il serait au-dessous de la note sensible, ce qui produirait un mauvais effet.

N°. 29.
B.

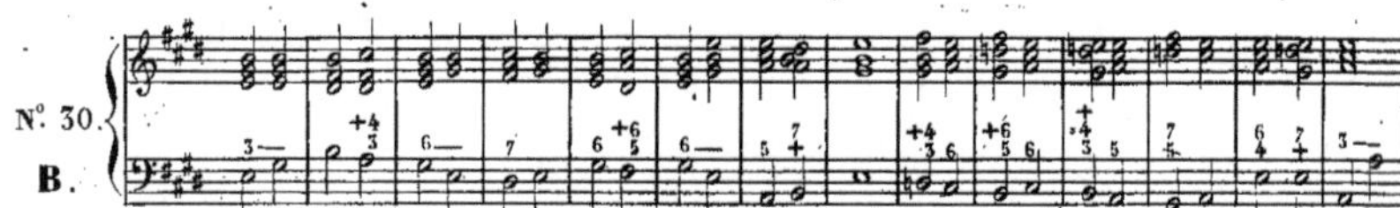

N°. 30.
B.

5. La **7**.ᵐᵉ de sensible se résout aussi de cette manière. C'est-à-dire que chaque partie conserve la même note tandis que la dissonnance se résout ce qui forme un renversement de la **7**.ᵐᵉ de dominante.

Exemple de la **7**.ᵐᵉ de sensible résolue sur les renversements de la **7**.ᵐᵉ de dominante.

N°. 31.
B.

(1) Dans la 7ᵐᵉ de sensible, il vaut mieux comme ici retrancher la tierce que la quinte.

(2) J'ai placé la sixte sur la tonique FA qui commence cette leçon, pour préparer, c'est-à-dire faire entendre d'avance, le RÉ qui forme la 7ᵐᵉ de l'accord suivant, quoique cette préparation ne soit pas de rigueur.

Il est facile de composer des leçons pour employer la 7.me de sensible. Par exemple, lorsqu'on voudra placer le 1er renversement de cet accord en UT, sachant qu'il se fait sur la seconde note du ton et qu'il se résout en montant d'un degré, on écrira RÉ, MI à la basse. On raisonnera de même pour employer tous les autres accords. On aura soin de ne pas amener le 1er renversement de la 7.me de sensible de suite après la tonique pour ne pas s'exposer à faire 2 quintes consécutives, comme je l'ai fait remarquer en indiquant la résolution de cette 7.me.

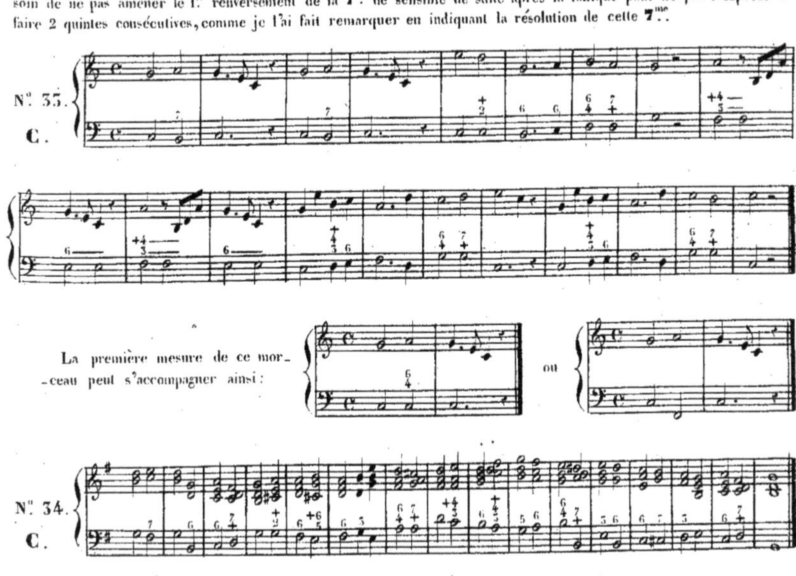

La première mesure de ce mor-
-ceau peut s'accompagner ainsi :

ou

CHAPITRE VII.

DE LA 7.me DIMINUÉE, DE LA 7.me DE DOMINANTE ET DE LA 7.me DIMINUÉE SUR LA TONIQUE.
DES APPOGIATURES.

1. La 7.me diminuée se fait sur la note sensible de la gamme mineure, par exemple : sur le SI ♮ en UT mineur, sur le SOL ♯ en LA mineur, etc: etc: Elle se compose d'un accord de quinte diminuée et d'une 7.me diminuée. Elle se chiffre par $\frac{7}{5}$ ou simplement par 7.

Le premier renverse-
ment se chiffre par $\frac{+6}{5}$.

Le second renverse-
ment se chiffre par $\frac{+4}{3}$.

Le troisième renver-
sement se chiffre par +2.

(1) Il se fait sur la seconde note du ton et se compose de tierce mineure, quinte diminuée et sixte majeure.
(2) Il se fait sur la quatrième note du ton et se compose de tierce mineure, quarte augmentée et sixte majeure.
(3) Il se fait sur la sixième note du ton et se compose de seconde augmentée, quarte augmentée et sixte majeure.

2 . La **7**.me diminuée se résout sur la tonique ; la note sensible et la **7**.me suivent leur marche ordinaire .

Résolution de la 7.me diminuée et de ses renversements.

1re POSITION.

Lorsqu'on résout le 3.me renversement de l'accord de septième diminuée sur l'accord de quarte et sixte, la partie qui fait la quarte dans ce renversement doit monter d'un degré comme dans l'exemple précédent, où le RÉ monte au MI ; car si elle descendait d'un degré, il en résulterait deux quartes avec la basse 
de LA ♭ à RÉ et de SOL à UT . Or il est défendu de faire deux quartes consécutives avec la basse lorsque la seconde est juste comme ici de SOL à UT . Les successions de quartes sont interdites avec la basse seulement, car elles ont lieu à chaque instant entre les autres parties. Les quartes consécutives avec la basse ne peuvent se rencontrer lorsque les accords sont bien résolus et que la basse est chiffrée d'après les règles indiquées au chap.tre IV.

Voici l'exemple précédent aux autres positions.

2.me POSITION.

3.me POSITION.

3 . Remarquez que le second renversement de la **7**.me de sensible se chiffre comme celui de la **7**.me diminuée.  La différence entre ces deux accords consiste dans le LA qui est bécarre dans la **7**.me de sensible et bémol dans la **7**.me diminuée.

Si l'on voulait employer le second renversement de la **7**.me diminuée en UT majeur, où il n'y a rien à la clef, on le chiffrerait ainsi  Lorsque plusieurs accords différents se chiffrent de la même manière, on évite la confusion en indiquant au chiffre, comme dans cet exemple, l'accident qui n'est pas à la clef.

N.o 35.

B.

4. La **7me** diminuée peut se résoudre comme la **7me** de sensible sur la **7me** de dominante.

Autres résolutions exceptionnelles de la **7me** diminuée et de ses renversements.

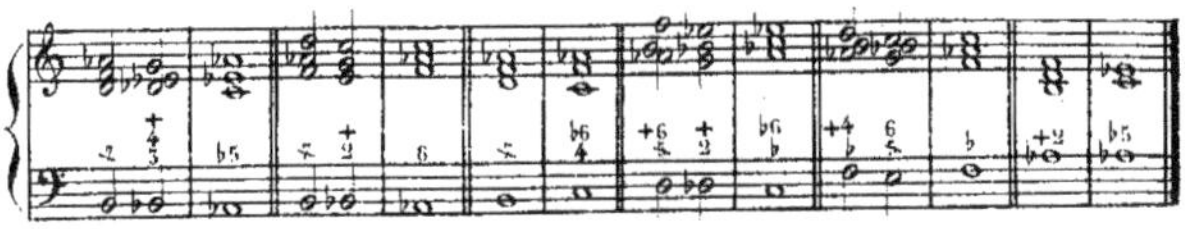

N.° 36. **B.**

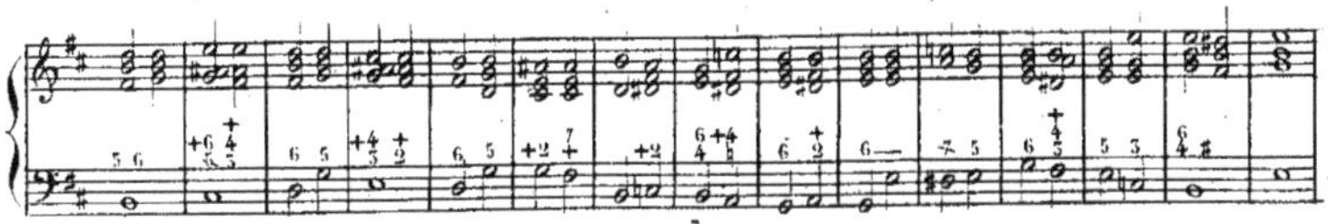

N.° 37. **B.**

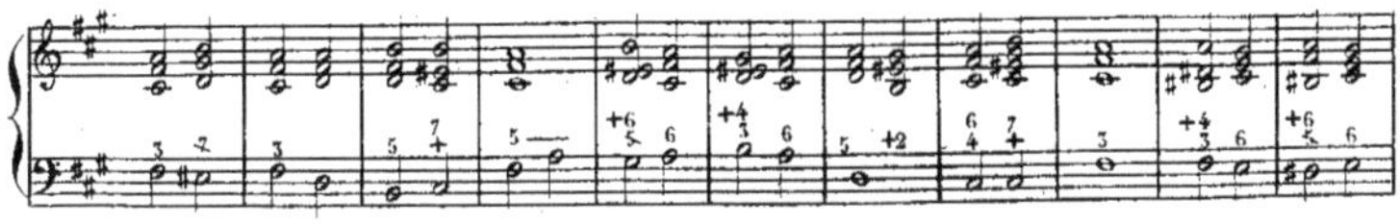

5. Lorsque la tonique est à la basse on peut l'accompagner par la **7me** de dominante ou la **7me** diminuée du même ton.

La **7me** de dominante sur la tonique se chiffre par +7. EX: en UT.

La **7me** diminuée sur la tonique se chiffre par +7/6.

On peut aussi faire la **7me** de sensible sur la tonique, mais elle est très peu usitée.

Ces accords ne peuvent être renversés. Ils font tous leur résolution sur la tonique.

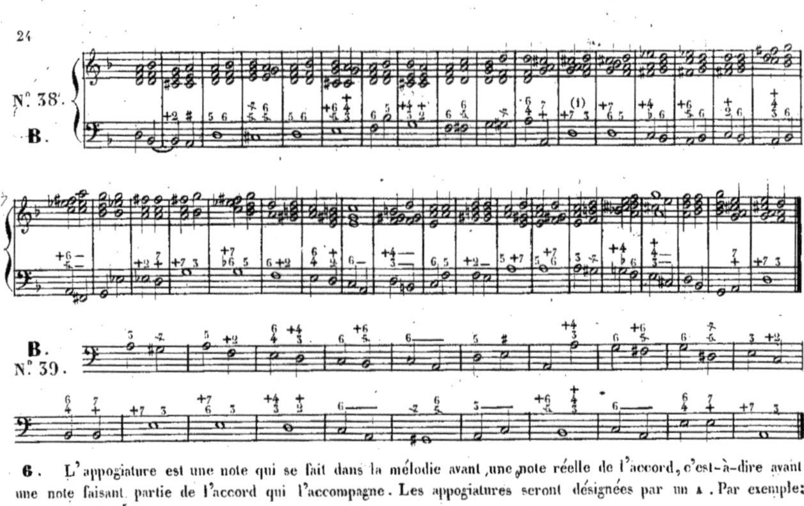

6. L'appogiature est une note qui se fait dans la mélodie avant une note réelle de l'accord, c'est-à-dire avant une note faisant partie de l'accord qui l'accompagne. Les appogiatures seront désignées par un **A**. Par exemple: si l'on a  le chant peut faire UT, MI ou SOL.

Au lieu de faire l'UT de suite on peut mettre avant un SI. 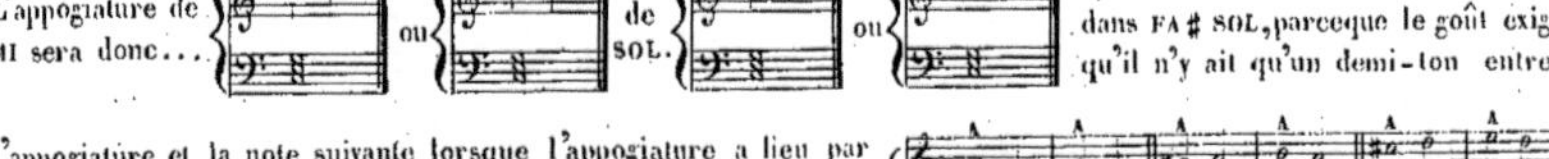 ou un RÉ car l'appogiature est ordinairement la note au-dessous ou au-dessus de la note réelle.

L'appogiature de MI sera donc... 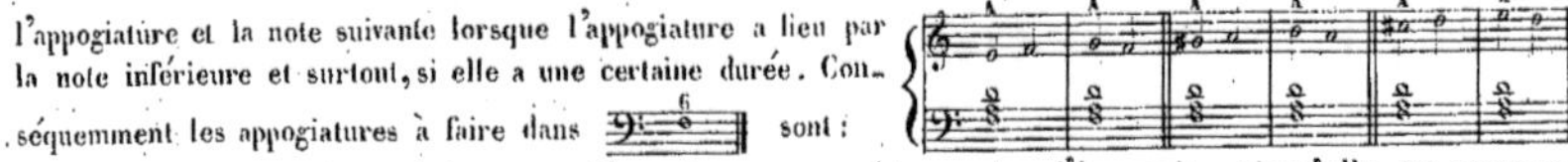 ou de SOL ou Le RÉ est dieze dans RÉ ♯ MI et le FA dans FA ♯ SOL, parceque le goût exige qu'il n'y ait qu'un demi-ton entre

l'appogiature et la note suivante lorsque l'appogiature a lieu par la note inférieure et surtout, si elle a une certaine durée. Con_séquemment les appogiatures à faire dans  sont:

On voit par les exemples précédents que l'appogiature ne compte pas dans l'harmonie puisqu'elle est accompagnée par le même accord que la note réelle. On fera bien de chercher les appogiatures praticables dans un accord quelconque, en brodant chacune des notes qui le composent par la note inférieure et par la note supérieure comme nous venons de le faire. Lorsqu'une mesure, une demi mesure ou simplement un temps est partagé en deux parties, la première s'appelle partie forte et la seconde partie faible. L'appogiature devant précéder la note réelle se trouve naturellement sur les parties fortes, c'est-à-dire au commencement de la mesure, comme dans les exemples précédents, ou au commencement des temps, et la note réelle toujours à la fin.

Chant simple. Le même avec des appogiatures.

____

(1) N'oublions pas que ces chiffres +7 et $^{+7}_{6}$ signifient que la tonique est à la basse; le premier de ces chiffres indique en outre que la tonique doit être accompagnée par la 7ᵐᵉ de dominante du même ton, et le second qu'elle doit l'être par la 7ᵐᵉ diminuée.

7. L'appogiature peut se faire dans plusieurs parties à la fois soit en tierces, soit en sixtes.

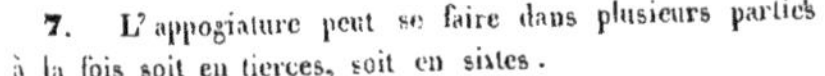

Exemple ou l'appo-
giature et la note
suivante ne vont pas
par degré conjoint.

Quelquefois l'appo-
giature et la note
réelle sont accompa-
gnées différemment.

N.° 40.
C.

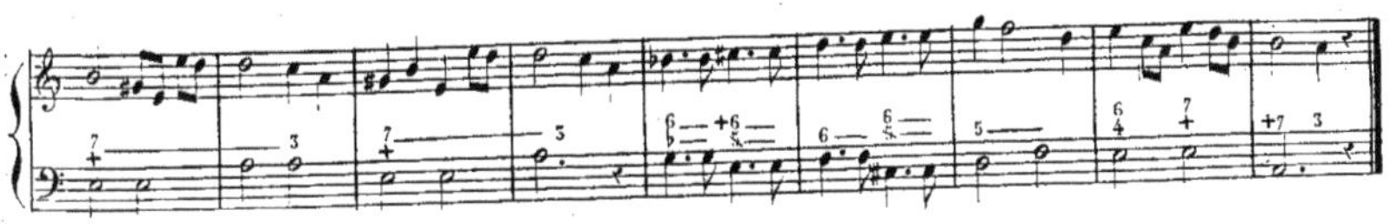

Le commencement
de ce morceau peut
s'accompagner ainsi

ou

et la 13.ᵐᵉ
mesure par

etc.

N.° 41.
C.

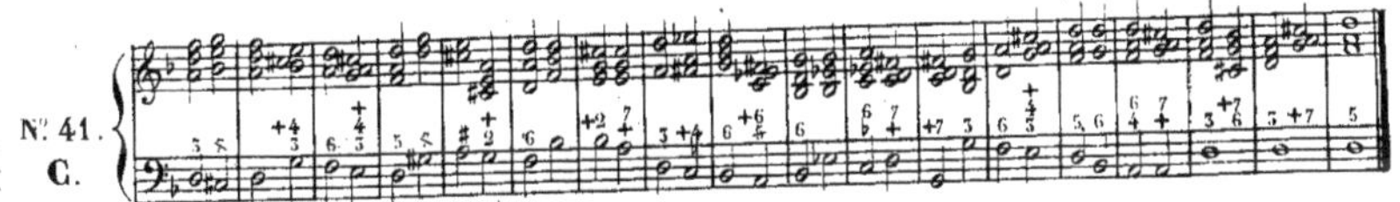

CHAPITRE VIII.

DES AUTRES ACCORDS DE 7.ᵐᵉ

1. Jusqu'ici nous n'avons rencontré dés accords de **7.**ᵐᵉ que sur le 5.ᵐᵉ et le 7.ᵐᵉ degré; cependant on peut en faire sur toutes les notes de la gamme. Je les appellerai simplement accords de septième. Ces **7.**ᵐᵉˢ et leurs renversements se chiffrent comme celles que nous avons déjà vues parcequ'elles sont de même composées de 3.ᶜᵉ 5.ᵗᵉ et 7.ᵐᵉ seulement on ne se sert ni de la barre, ni de la croix.

2. Tous ces accords sont très durs à l'oreille. Pour les rendre plus supportables on doit en préparer la **7.**ᵐᵉ Pour cela il faut que la note qui produit cet intervalle soit faite par la même partie dans l'accord précédent, exemples:

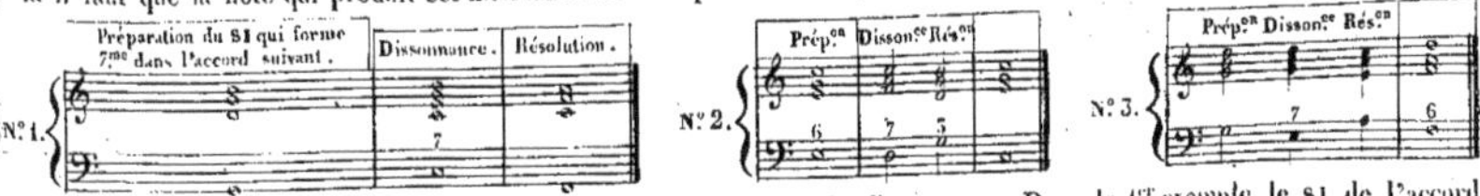

La préparation doit avoir une valeur au moins égale à celle de la dissonnance. Dans le 1.ᵉʳ exemple le SI de l'accord de SOL était ronde comme celui de l'accord d'UT. La dissonnance doit, comme l'appogiature se trouver au commencement de la mesure ou du temps et la résolution à la fin, comme dans les exemples 2 et 3. Cependant lorsque la dissonnance dure une mesure entière, la résolution ne peut se faire qu'à la mesure suivante. Voyez le 1.er exemple. Remarquez que tous ces accords font leur résolution comme la **7.me** de dominante, c'est-à-dire que la 7.me descend d'un degré et que la basse fondamentale descend de quinte ou ce qui revient au même monte de quarte, et cette nouvelle note porte accord parfait. Ce que je viens de dire sur la préparation de la 7.me et sur la place qu'elle doit occuper dans la mesure s'applique également à toutes les dissonnances qui ont besoin d'être préparées. Comme les règles sont les mêmes pour toutes les 7.mes et que celle qui se fait sur le second degré est la seule dont l'usage soit fréquent, je ne parlerai plus ici que de cette dernière; les autres ne s'emploient guère que dans les marches d'harmonie. J'en donnerai des exemples dans le chapitre de ces marches.

3. La 7.me sur le second degré de la gamme dans le mode majeur se compose d'un accord parfait mineur et d'une 7.me mineure.
Exemple en **UT** majeur.

Dans le mode mineur elle se compose comme la 7.me de sensible d'un accord de quinte diminuée et d'une 7.me mineure.
Exemple en **UT** mineur.

Elle se résout sur la dominante portant accord parfait ou septième.

Le second renversement de cet accord étant très dur dans le mode majeur, il ne s'emploie presque jamais.

(1) Remarquez que dans tous les accords où il entre un 2, la dissonnance étant à la basse, la préparation doit se faire dans cette partie, qui alors fait toujours syncope

4. Il ne faut pas confondre la **7.me** de sensible par exemple ♮ en UT majeur, avec la **7.me** sur le second degré du ton relatif mineur ♮ en LA mineur. Ces deux accords se composent des mêmes intervalles, mais ils diffèrent essentiellement par leurs résolutions. Dans la **7.me** de sensible la dissonnance descend d'un ton, de LA à SOL, tandis qu'en LA mineur elle ne descend que d'un demi-ton de LA à SOL ♯ . EXEMPLES.

EN UT MAJEUR. EN LA MINEUR. EN UT MAJEUR. EN LA MINEUR. EN UT MAJEUR. EN LA MINEUR.

Il est important de pouvoir faire cette distinction pour appliquer à propos la règle qui exige que dans les renversements de la **7.me** de sensible la dissonnance soit placée au-dessus de la note sensible, mais dans le mode mineur toutes les positions sont praticables.

RÉSOLUTIONS EXCEPTIONNELLES DE LA **7.me** SUR LE SECOND DEGRÉ.

Souvent à la fin des phrases on emploie la **7.me** sur le second degré sur le temps faible de la mesure quoique la résolution ne se fasse qu'à la mesure suivante.

N.º 43.
B.

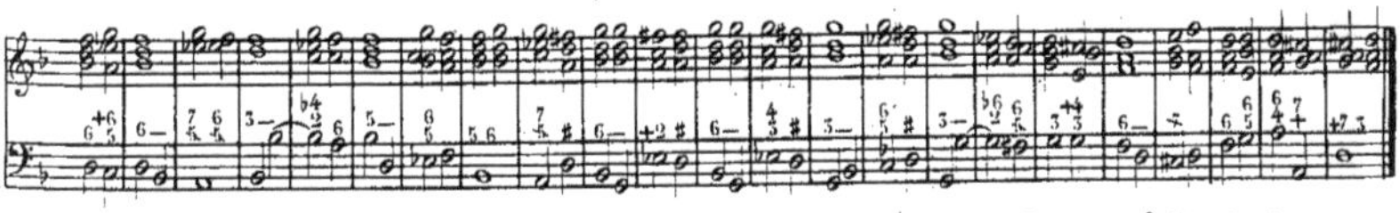

B.
N.º 44.

Il n'y a que le premier renversement de la **7.me** sur le second degré dont on se serve assez souvent pour accompagner la mélodie. On peut l'employer lorsque la basse va du 4.me au 5.me degré. 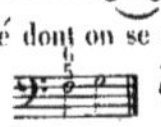 Cependant il est plus dur que ou

Certaines mélodies comportent l'harmonie suivante.

La même harmonie se fait aussi sur la dominante.

N.º 45.
C.

(1) Dans cette leçon l'accord formé de 3.^{ce} mineure, 5.te diminuée, et de 7.me mineure est employé tantôt comme 7.me de sensible et tantôt comme accord de 7.me sur le deuxième degré de la gamme mineure.

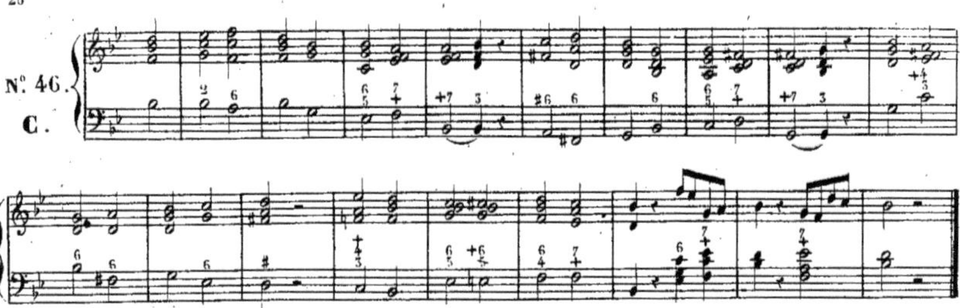

CHAPITRE IX.

DES ALTÉRATIONS ET DES ANTICIPATIONS.

1. On peut altérer une note d'un accord, c'est-à-dire qu'on peut la hausser ou la baisser d'un demi-ton.

2. Lorsqu'on altère en montant la quinte de l'accord parfait majeur on obtient l'accord de quinte augmentée . . . . Il se compose de 3ce majeure, et de quinte augmentée, ou si l'on veut de 2 tierces majeures consécutives, ici d'UT à MI, et de MI à SOL♯.

Cet accord peut se faire sur la tonique ou sur la dominante du mode majeur. Sa résolution la plus ordinaire est celle que je viens de donner, l'accord parfait de la quinte inférieure. Dans cette résolution la quinte augmentée doit monter d'un demi-ton, car une note altérée en montant se résout sur le degré supérieur, tandis qu'elle se résout au contraire sur la note inférieure, lorsque l'altération a lieu en descendant.

Il vaut mieux amener l'accord de 5te augmentée par l'accord parfait sur la même note comme dans l'exemple précédent, mais cela n'est pas de rigueur. EX:

RÉSOLUTION DE LA QUINTE AUGMENTÉE.

Remarquez que dans cette mesure  je n'ai pas doublé le SOL ♮ parcequ'il est suivi du SOL ♯ et qu'il vaut mieux ne pas doubler une note qui est altérée dans l'accord suivant.

3. On peut encore amener l'accord de quinte augmentée en baissant d'un demi-ton la basse d'un accord parfait mineur. L'accord de quinte augmentée amené de cette manière se résout sur la quarte et sixte qui devient dominante du ton, ici sur le SI ♭ dominante de MI ♭.

4. Si nous altérons en montant la sixte dans l'accord de 3ce et 6te majeure nous obtiendrons l'accord de 6te augmentée. Il se compose de 3ce majeure et de 6te augmentée et se fait sur le 6me degré de la gamme, un demi-ton au-dessus de la dominante; sur le LA ♭ en UT, le SI ♭ en RÉ, etc: Il se résout sur la dominante portant accord parfait majeur ou quarte et sixte, la basse en descendant et la 6.te augmentée en montant d'un de_ mi-ton. La tierce est donc le seul intervalle que l'on puisse doubler. Cet accord peut se faire dans les deux modes. ex: . . . .

L'accord de sixte augmen_ tée peut s'accompagner de la quarte augmentée . . . . ou de la quinte juste. ou

Dans ce dernier cas quelques théoriciens tolèrent les deux quintes de suite, de LA à MI et de SOL à RÉ, pourvu qu'elles aient lieu avec une partie intermédiaire; cependant on peut les éviter ainsi . . . .

N.° 47. B.

N.° 48. B. (2)

B. N.° 49.

____

(1) Cette sixte augmentée est le premier renversement de l'accord de 7.me qui suit : Remarquez qu'il y a une tierce diminuée de FA # à LA ♭. Il est inutile de donner des noms particuliers aux accords dans lesquels deux parties forment un intervalle de tierce diminuée; il suffit de dire qu'ils résultent du principe de l'altération. Ces accords ne s'emploient presque jamais; le renversement qui donne la sixte augmentée est le seul dont on fasse un fréquent usage. Si donc en cherchant la basse fondamentale d'un accord pour en connaître la nature, on trouve des successions de tierce diminuée, on fera bien d'examiner si cet accord n'est pas l'une des trois espèces de sixtes augmentées dont il est parlé ci-dessus.

(2) La manière d'accompagner la gamme qui commence cette leçon s'appelle règle d'octave. Le même accompagnement peut aussi servir pour la gamme d'UT majeur en faisant le MI et le LA bécarres. J'engage l'élève à l'apprendre par cœur et à l'étudier dans tous les tons.

(3) On voit ici deux 5.tes consécutives de FA à UT, et de SOL à RÉ. Mais ces 5.tes ne sont pas faites par les mêmes parties car la partie qui fait le FA dans le 1.er accord, conserve cette note dans l'accord suivant, de sorte que la seconde 5.te SOL, RÉ, n'est produite que par la rentrée de la partie qui a compté un silence dans l'accord précédent.

ALTÉRATION EN MONTANT.
Dur.

5. On peut altérer la quinte de la **7**.^{me} de dominante en montant ou en descendant.

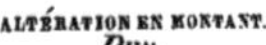

Cette altération produit une tierce diminuée de RÉ ♯ à FA. Cet intervalle est très dur. Il faut pour l'éviter placer les notes qui le composent de manière qu'elles produisent entre elles un intervalle de sixte augmentée,

par exemple en mettant ici le FA au-dessous du RÉ ♯.

Altération de la même note dans les renversements de la **7**.^{me} de dominante.

Altération en descendant de la quinte dans la **7**.^{me} de dominante et ses renversements.

6. L'anticipation est une note de la mélodie étrangère à l'accord où elle se trouve mais appartenant à l'accord suivant. (Nous désignerons les anticipations par un ʌ.) Ainsi dans les exemples suivants:

La mélodie fait entendre à la fin de l'accord de SOL, l'UT ou le MI, note qui appartient à l'accord d'UT qui suit. L'anticipation doit être courte et se faire conséquemment à la fin de l'accord où elle se trouve.

Les anticipations peuvent comme les appogiatures se faire dans plusieurs parties à la fois, soit en tierces, soit en sixtes.

(1) Il y a ici deux octaves consécutives, de MI à MI et de SOL à SOL, mais d'abord ces deux notes sont séparées par une demi pause, ensuite elles appartiennent à 2 phrases différentes.

CHAPITRE X.

DES MARCHES HARMONIQUES.

1. On appelle marches harmoniques les phrases dans lesquelles chaque partie suit une marche uniforme. Il est nécessaire d'étudier les marches dans différents tons et à différentes positions.

Accompagnement
de la gamme.

SUITE DE SIXTES.

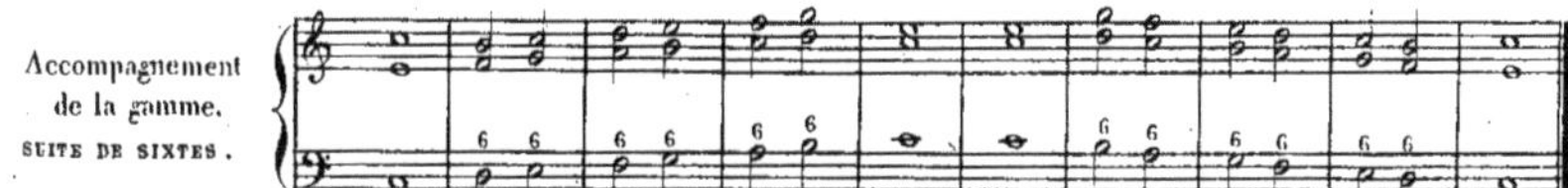

Il faut nécessairement dans cette marche mettre la sixte au chant, car si l'on y plaçait la tierce, il en résulterait des quintes consécutives entre les deux parties supérieures. EX:...........

Il y a quinte de SI à FA et d'UT à SOL. Cette marche ainsi que la suivante ne se fait ordinairement qu'à trois parties.

Dans les marches d'harmonie on met la sixte sur la tonique et la dominante, et l'accord parfait sur le 3.me degré, lorsque la régularité de la marche l'exige.

SUITE DE QUINTES retardant la sixte. Très usité en montant seulement.

Suite d'accords parfaits et de sixtes alternativement. Très usité en descendant.   Autres marches.

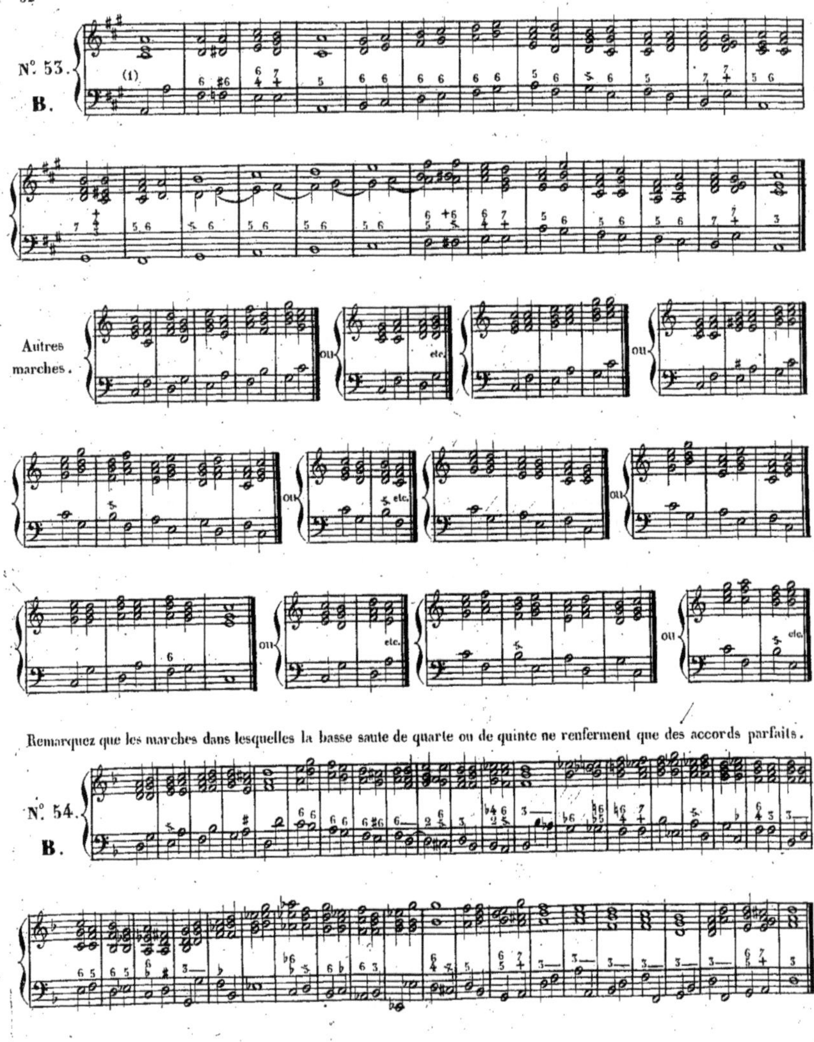

(1) Indépendamment du travail ordinaire qui consiste à remplir l'harmonie d'après les chiffres il faudra désormais copier sans les chiffres toutes les basses données et revenir souvent sur ces basses pour les accompagner.

On continuera de composer des leçons d'harmonie en ayant soin d'employer successivement toutes les marches renfermées dans ce chapitre et dans les suivants.

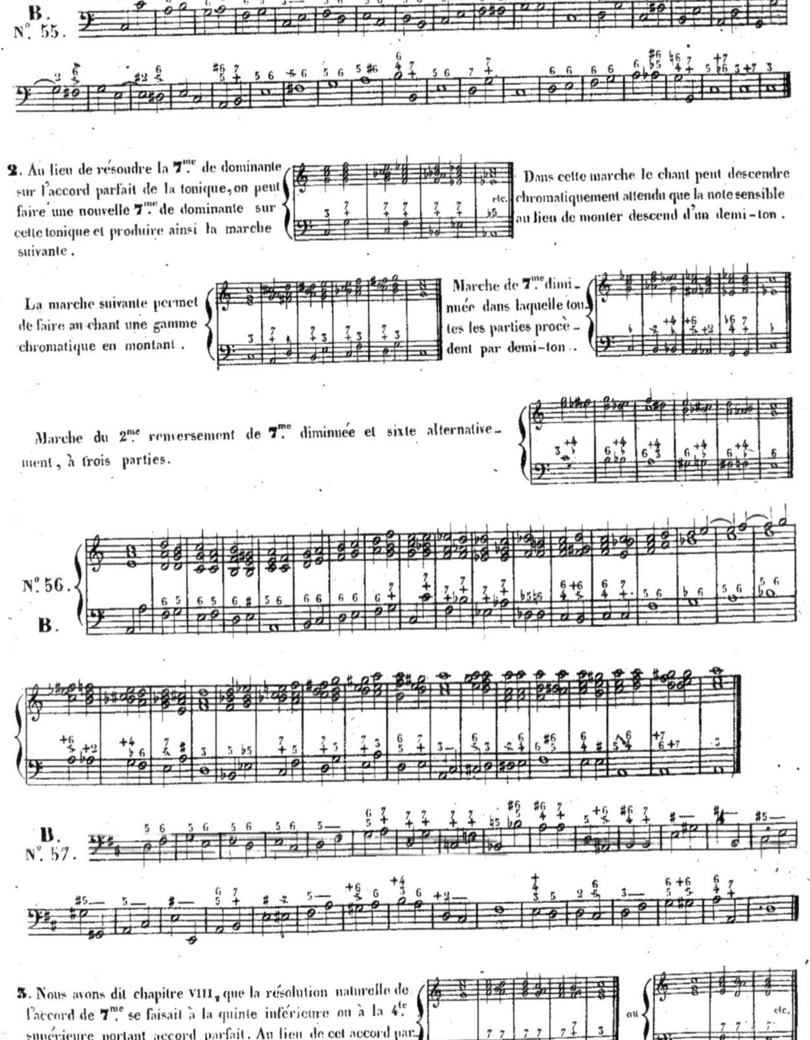

B.
N.° 55.

2. Au lieu de résoudre la **7**.^{me} de dominante sur l'accord parfait de la tonique, on peut faire une nouvelle **7**.^{me} de dominante sur cette tonique et produire ainsi la marche suivante.

Dans cette marche le chant peut descendre chromatiquement attendu que la note sensible au lieu de monter descend d'un demi-ton.

La marche suivante permet de faire au chant une gamme chromatique en montant.

Marche de **7**.^{me} diminuée dans laquelle toutes les parties procèdent par demi-ton.

Marche du **2**^{me} renversement de **7**.^{me} diminuée et sixte alternativement, à trois parties.

N.° 56.
B.

B.
N.° 57.

3. Nous avons dit chapitre **VIII**, que la résolution naturelle de l'accord de **7**.^{me} se faisait à la quinte inférieure ou à la 4te supérieure portant accord parfait. Au lieu de cet accord parfait on peut faire un nouvel accord de **7**.^{me} ce qui produit la marche suivante.

ou

etc.

C'est à trois parties seulement qu'elle produit le meilleur effet.

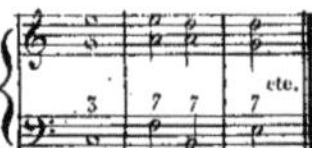

Remarquez qu'il suffit de préparer la première 7.ᵐᵉ pour que les autres le soient naturellement. En effet, le premier accord de 7.ᵐᵉ FA LA UT MI, contient le LA 7.ᵐᵉ du second, le second renferme le RÉ 7.ᵐᵉ du troisième, etc.

Lorsqu'on veut faire une marche harmonique dans le mode mineur, on ne doit presque toujours faire entendre la note sensible que sur la dominante en finissant. Dans le cours de la marche le 7.ᵐᵉ degré se fait sans altération. EX:

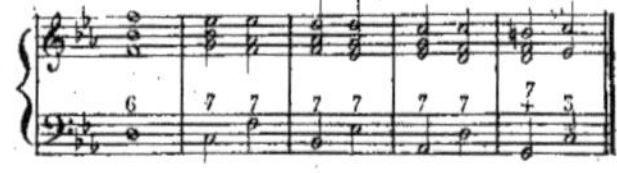

Le SI n'est bécarre que sur le SOL dominante du ton qui termine la marche; partout ailleurs il est bémol, autrement on obtiendrait des accords extrêmement durs.

Observation. La marche de 7.ᵐᵉˢ peut être plus courte que dans les exemples précédents, on peut la commencer où l'on veut mais il faut toujours la terminer à la 7.ᵐᵉ de dominante.

La même observation s'applique aux marches suivantes qui ne sont formées qu'avec les renversements des accords de 7.ᵐᵉˢ

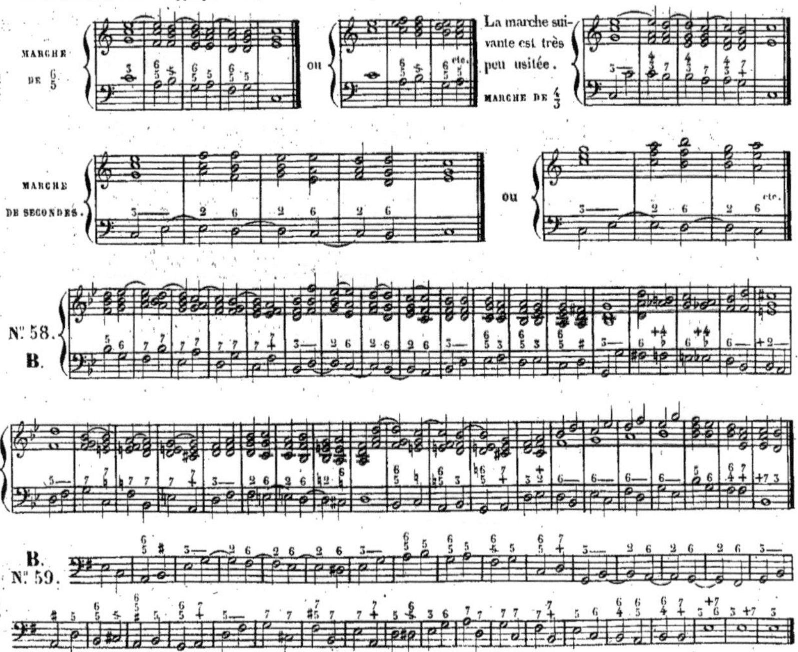

Nº 60.
C.
CODA
Nº 61.
C.
Nº 62.
C.
FIN.
D.C.
Nº 63.
C.

CHAPITRE XI.

DES RETARDS.

1. On peut retarder une note d'un accord en la faisant précéder de sa note supérieure, par exemple; au lieu de faire entendre de suite l'UT de  on peut le faire précéder d'un RÉ ce qui donne

Ce retard de la sixte produit un accord de **7.**^me dans lequel on ne met pas ordinairement la quinte, attendu que cet intervalle n'entre pas dans l'accord de sixte qui n'est que retardé par la **7.**^me Ainsi lorsqu'on a 7. 6. le 7 désigne seulement la **5.**^ce et la **7.**^me La **7.**^me et les autres dissonnances dont nous allons parler dans ce chapitre doivent être préparées, et se trouver sur la partie **forte** de la mesure ou du temps, comme nous l'avons dit chapitre VIII. Elles se résolvent toutes en descendant d'un degré, ainsi on ne peut les doubler.

MARCHE DE 7.mes
retardant la sixte
à trois parties

ou
etc.

2. Le retard de l'octave de la basse dans l'accord parfait produit un accord de 9.me composé de 3.^ce 5.te et 9.me

La 9.me est dissonnante et descend d'un degré sur l'octave de la basse.

Il faut toujours que la 9.me soit éloignée de la basse. Ainsi l'exemple suivant est très dur, parceque la 9.me RÉ n'est qu'à la distance de seconde de l'UT de la basse (2)

MARCHE
DE 9.mes
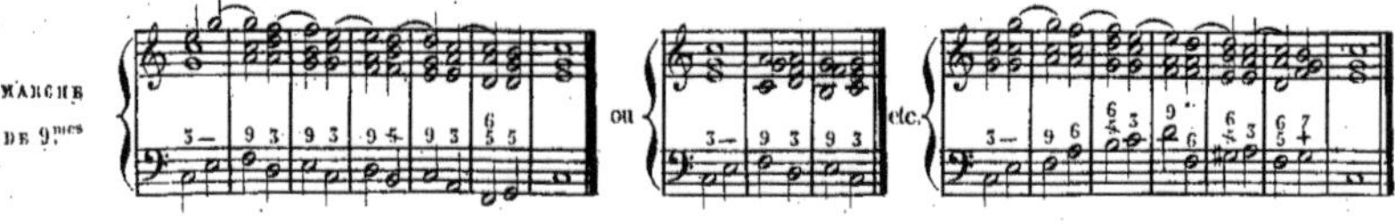
ou
etc.

On peut retarder l'octave de la basse dans l'accord de sixte.
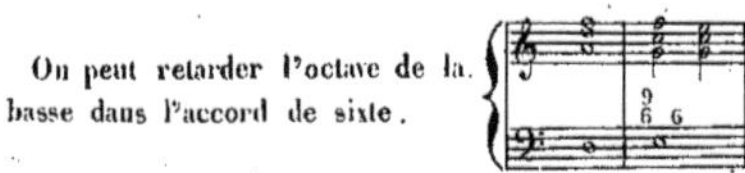

---

(1) Il ne faut pas confondre les dissonnances dont nous allons parler avec les appogiatures, quoique les unes et les autres retardent la note de l'accord par la note supérieure; mais ces dissonnances étant préparées et syncopées produisent un tout autre effet que les appogiatures qui se font sans préparation.

(2) Il existe deux autres accords de 9.me que je vais mentionner seulement pour mémoire, savoir: la 9.me de dominante majeure qui se fait sur le 5.me degré dans le mode majeur, et la 9.me de dominante mineure qui se fait sur le même degré dans le mode mineur. Ils se résolvent sur la tonique ou sur la dominante. La 9.me n'a pas besoin de préparation.

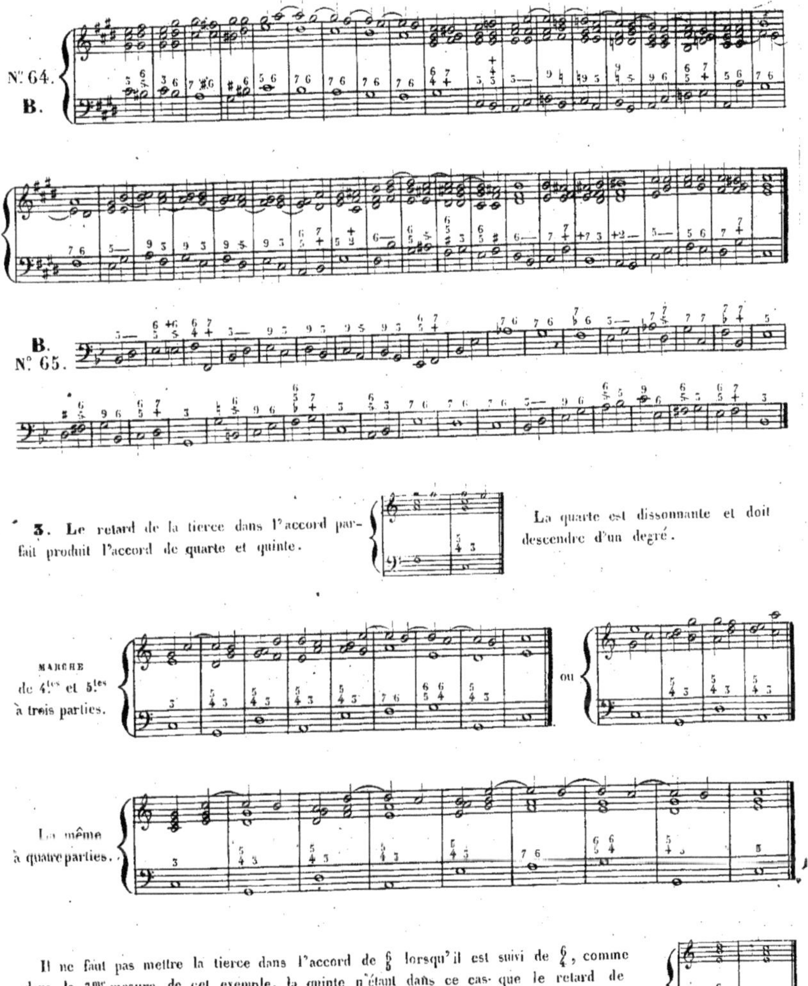

3. Le retard de la tierce dans l'accord par-fait produit l'accord de quarte et quinte.

La quarte est dissonnante et doit descendre d'un degré.

MARCHE
de 4.tes et 5.tes
à trois parties.

ou

La même
à quatre parties.

Il ne faut pas mettre la tierce dans l'accord de 6/5 lorsqu'il est suivi de 6/4, comme dans la 7.me mesure de cet exemple, la quinte n'étant dans ce cas que le retard de la quarte dans l'accord de quarte et sixte. Si le SOL était un premier renversement de 7.me ordinaire on le résoudrait ainsi . . . .

Marche de $\frac{5}{4}$ et 9mes alternativement — ou

Le premier renversement de l'accord de quarte et quinte donne $\frac{5}{2}$.

La dissonnance est à la basse. Cet accord est le retard de la basse dans l'accord de 6te.

Le second renversement de la quarte et quinte — se compose de quarte et septième. Cet accord est le retard de la sixte dans l'accord de quarte et sixte.

Comme la quarte et 6te se fait bien sur la dominante et la seconde

note du ton, c'est sur ces deux notes qu'il faut placer $\frac{7}{4}$ et $\frac{6}{4}$.

Quelquefois on retarde en même temps la tierce et l'octave de la basse dans l'accord parfait

ce qui produit l'accord de quarte, quinte et neuvième. La 4te et la 9me doivent être préparées et descendre d'un degré.

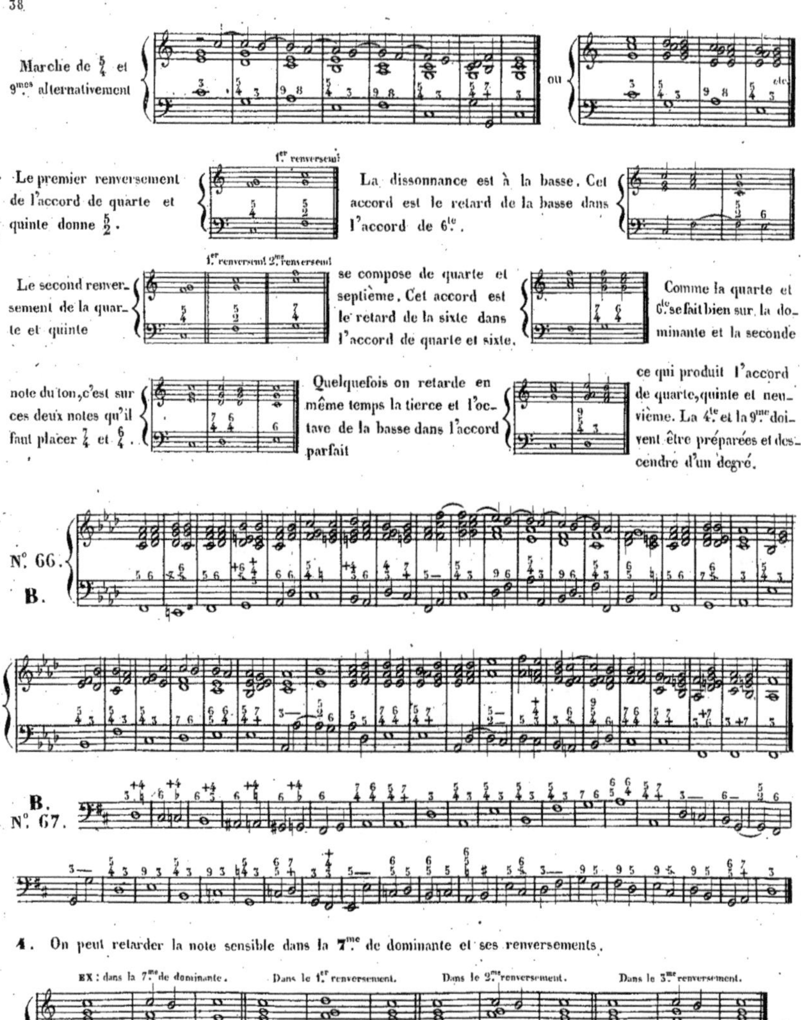

N°. 66. B.

B. N°. 67.

4. On peut retarder la note sensible dans la 7me de dominante et ses renversements.

Les accords dont je viens de parler ne s'emploient guère que dans des compositions où chaque partie joue un rôle important, et rarement dans celles où la mélodie ne se trouve que dans une seule partie, c'est pourquoi je n'ai pas ici donné de chants de ce dernier genre.

CHAPITRE XII.

DES NOTES DE PASSAGE, DE LA PÉDALE, DES MODULATIONS ENHARMONIQUES ET DES IMITATIONS.

1. Au lieu de faire entendre de suite deux notes éloignées d'une tierce ou d'un plus grand intervalle, on peut d'abord exécuter la première, puis toutes celles qui conduisent diatoniquement à la seconde, tout en conservant la même harmonie dans les autres parties. Ainsi au lieu de faire à la basse............  on peut faire

Les notes qui servent à joindre deux notes éloignées s'appellent notes de passage, mais on donne plus particulièrement ce nom à celles qui ne font pas partie de l'accord où elles se trouvent. Nous les désignerons par un **P** . Par exemple dans ....

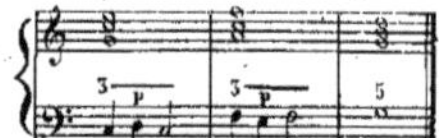

Le RÉ et le FA sont étrangers à l'accord d'UT qui les accompagne. Après avoir fait une note de passage on peut revenir sur celle qui l'a précédée.

2. La meilleure manière d'employer les notes de passage est de les amener et de les quitter par degrés conjoints,

comme dans les exemples qui précèdent et l'exemple suivant. Mais si l'on saute d'une tierce ou d'un plus grand intervalle, il vaut mieux tomber sur une note de l'accord.

Dans la première mesure de cet exemple la note de passage RÉ est amenée par degré conjoint, puisqu'elle est précédée d'un UT; elle est également abandonnée par degré conjoint puisqu'elle est suivie d'un MI. Après cette dernière note, j'ai pu sauter d'une tierce sur l'UT qui est une note de l'accord. Dans la 2.me mesure j'ai mis au chant SI blanche pointée et RÉ noire, parceque si j'avais écrit le SI ronde, il y aurait eu deux octaves de suite avec la basse de SI à SI et d'UT à UT. En employant les notes de passage, il faut avoir soin d'éviter les quintes et les octaves consécutives.

On peut faire des notes de passage en tierces ou en sixtes et par mouvement contraire. EX :............

N.º 71. B.

3. On appelle Pédale une note conservée pendant quelque temps dans la même partie, comme les LA de basse qui terminent cette leçon. La pédale se fait le plus souvent à la basse, sur la tonique ou la dominante, parceque ce sont les deux notes qui comportent le plus d'accords différents. La leçon précédente finit par une pédale sur la tonique. En voici une sur la dominante, en UT.

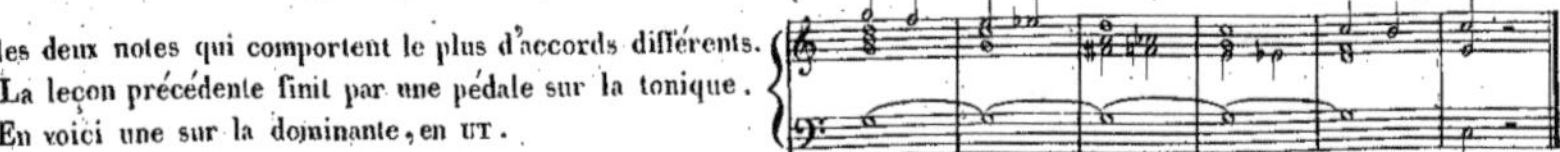

Il faut toujours que la pédale soit note réelle de l'accord qui la commence et de celui qui la finit, comme dans cet exemple où le SOL de basse est une note de l'accord parfait qui commence la pédale et de la 7.me de dominante qui la finit, mais dans le cours de la pédale on peut de temps en temps faire passer sur cette note des accords qui lui sont étrangers. Voyez la 3.me mesure où le SOL n'entre pas dans l'accord de FA LA RÉ qui l'accompagne.

Pour analyser de semblables passages où l'harmonie ne paraît pas régulière, il faut dire que la basse fait pédale et se rendre compte des accords formés par les autres parties. Dans ces cas il est difficile d'indiquer clairement l'harmonie par les chiffres, c'est pourquoi souvent on ne chiffre pas les pédales, c'est alors à celui qui accompagne un chant sur une basse chiffrée de trouver l'harmonie la plus convenable. On peut faire sur la pédale tous les accords praticables dans le ton où elle se trouve.

Voici quelques exemples.

4. On appelle modulation ou transition enharmonique celle qui se fait en changeant une note de nom et de signe accidentel tout en conservant la même intonation, comme UT ♯ en RÉ ♭ ou RÉ ♭ en UT ♯. Ces deux notes sont produites par la même touche sur le piano, cependant le RÉ ♭ doit être un peu plus bas que l'UT ♯; mais cette légère différence ne peut se faire sentir qu'avec la voix ou sur des instruments où la justesse dépend de l'habilité de l'artiste tels que le VIOLON, la BASSE, etc: On peut moduler dans des tons éloignés en changeant par l'enharmonique la 7ᵐᵉ de dominante en sixte augmentée, ou cette dernière en 7ᵐᵉ de dominante.

On peut moduler de la même manière d'UT en SI majeur en résolvant la 6ᵗᵉ augmentée sur la quarte et sixte majeure. EX:....   On se dispense souvent d'indiquer le changement enharmonique et l'on module comme s'il était écrit. EX:......

Je n'ai pas ici, comme précédemment, transformé le FA en MI dièze.

La 7ᵐᵉ diminuée est susceptible de plusieurs changements enharmoniques. Pour les trouver, il suffit de considérer successivement comme note sensible chacune des notes qui la composent.

L'élève devra pratiquer sur plusieurs 7ᵐᵉˢ de dominantes et 7ᵐᵉˢ diminuées les moyens de modulations que je viens d'indiquer.

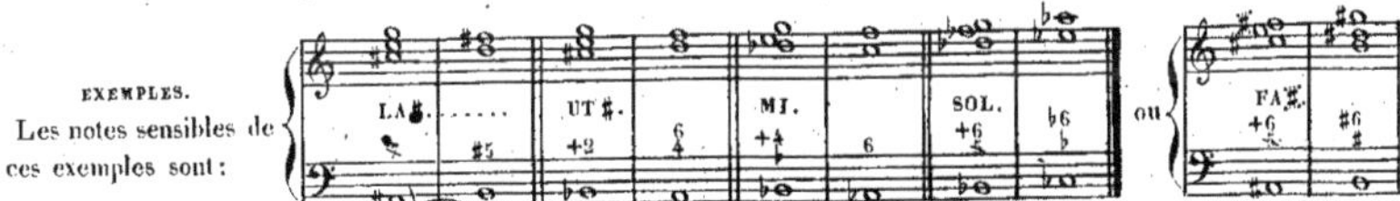

5. Dans la 6.me mesure de cette leçon la seconde partie répète une quinte au-dessous ce que la 1.re partie a fait dans la mesure précédente et forme ainsi une imitation à la quinte. On peut faire des imitations à tous les intervalles, c'est-à-dire que ce que l'on a fait dans une partie peut être reproduit plus ou moins exactement dans une autre, soit à l'unisson, soit une seconde ou une 3.^{ce} etc: au-dessus ou au-dessous.

6. Pour s'exercer à bien employer les notes de passage et à préluder, on composera des traits sur l'harmonie des quatre Ex: suivants, d'abord pour le chant, ensuite pour la basse, et enfin pour ces deux parties alternativement. J'ai brodé le N.º 1 de ces trois manières. Après ce travail on fera d'autres préludes du même genre ; il sera bon de les prolonger en modulant soit dans les tons relatifs, soit dans les tons plus éloignés. Voici ces exemples.

Remarquez que dans les variations les notes qui ne font pas partie de l'accord sont toujours amenées et quittées par degré conjoint, et que dans les endroits où j'ai sauté d'une 3.^{ce} ou d'un plus grand intervalle je suis tombé sur une note de l'accord. Il faut travailler quelque temps dans ce système avant d'user de la tolérance dont je vais parler.

7. Les notes de passage ne sont pas toujours amenées et quittées par degré conjoint. On ne remplit souvent que l'une de ces deux conditions. Voyez le MI des exemples suivants.

En pareil cas on ne s'accorde pas sur le nom que doit porter la note de passage. Pour résumer dans une seule règle l'emploi des notes étrangères aux accords, je les nommerai notes accidentelles, et je dirai qu'une note accidentelle doit au moins être précédée ou suivie d'une note de l'accord

si elle n'est pas placée entre deux. Lorsque les valeurs sont brèves, on peut faire 3 notes accidentelles de suite, 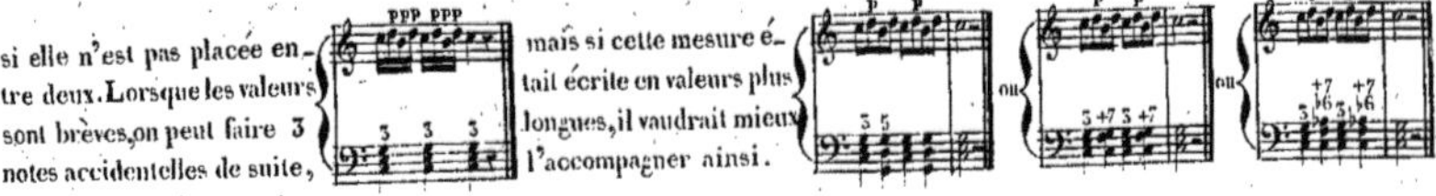 mais si cette mesure était écrite en valeurs plus longues, il vaudrait mieux l'accompagner ainsi.

N.º 74.

C

FIN.
Voici quelques Marches brodées par des notes de passage dans plusiéurs parties alternativement ce qui produit des imitations.
MARCHE SIMPLE.
LA MÊME BRODÉE.
ou
etc.
MARCHE SIMPLE.
LA MÊME BRODÉE
ou
MARCHE SIMPLE.
LA MÊME BRODÉE.
MARCHE SIMPLE.
LA MÊME BRODÉE.
ou
etc.
MARCHE SIMPLE.
LA MÊME BRODÉE.
ou
etc.

CHANTS AVEC TOUTES LES PARTIES.

N.º 81.
C
N.º 82.
C
N.º 83.
C

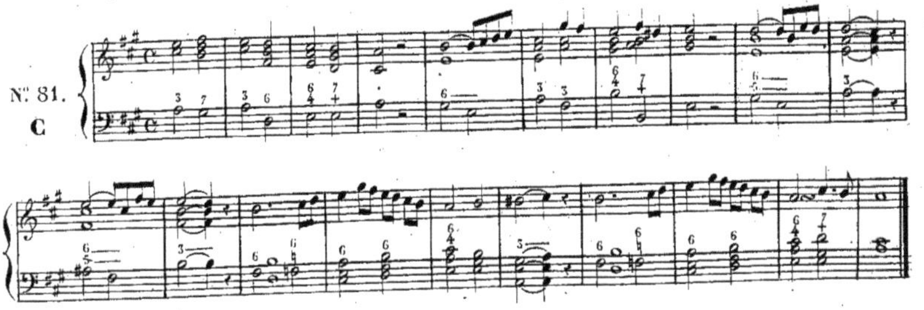

N.° 84.
C.

CHAPITRE XIII.

CONSEILS SUR LA COMPOSITION D'UN MORCEAU RÉGULIER SUIVIS D'EXPLICATIONS RELATIVES AUX INSTRUMENTS ET AUX VOIX.

1. Les principes de composition ou de mélodie se rapportent à la carrure et à la correspondance des phra_ses, à la manière de terminer la période ou sens musical, et à l'emploi de l'harmonie. Je vais donner quel_ques développements sur tous ces points.

2. On a vu chapitre V que les phrases carrées sont ordinairement de quatre mesures; elles se terminent à la basse par la tonique ou la dominante, quelquefois par le 4.me degré. ex:

Cette règle comme toutes les autres admet des exceptions. Par exemple, lorsqu'une phrase de chant finit sur u_ne note de la dominante, au lieu de mettre le 5.me degré portant accord parfait, on peut mettre la 7.me de domi_nante ou un de ses renversements, lorsque l'accompagnement ne fait pas de repos sur cette fin de phrase et qu'au contraire il continue le même dessin sans interruption.

J'ai placé quatre accompagnements sous le chant qui suit: Dans le 1.er comme il y a un repos à la 4.me mesure j'ai dû le faire sur l'accord parfait. Dans le 2.me et le 3.me l'accompagnement ne comptant pas de silence j'ai pu accompagner la fin de la phrase par la 7.me de dominante ou un renversement. Dans le 4.me comme il n'y a pas non plus de repos à la 4.me mesure j'ai pu faire une pédale sur la tonique pendant les deux phrases; mais il ne faut pas abuser de cette dernière ressource.

---

(1) Cette manière de chiffrer signifie qu'il faut conserver le **FA** octave de la première note et accompagner chaque note de basse seule_ment par la tierce.

On rencontre souvent des phrases ou plutôt des membres de phrases de deux mesures; il s'en trouve ordinairement plusieurs de suite formés des mêmes rythmes, c'est-à-dire des mêmes valeurs ou à peu-près. Les phrases de trois mesures et de cinq mesures se rencontrent beaucoup plus rarement, cependant on peut les employer pourvu qu'il s'en trouve deux de suite.

3. Il faut que toutes les phrases d'un chant quelconque se succèdent naturellement les unes aux autres et ne soient pas disparates entr'elles. Pour donner plus d'unité au morceau, il faut y placer souvent des phrases qui se correspondent, c'est-à-dire deux phrases de suite formées des mêmes rythmes, comme dans le chant ci-dessus où les valeurs employées dans la première phrase se retrouvent dans la seconde. Souvent même la deuxième phrase n'est que la répétition de la première avec quelque changement, comme dans les quatre premières mesures du N.° 74 page 43 où la seconde phrase commence comme la première. Les phrases qui se correspondent doivent avoir le même nombre de mesures; elles en ont chacune quatre dans les exemples précités. Quand il y a dans une phrase un dessin particulier d'accompagnement, on fait bien de reproduire au même endroit un dessin analogue dans la phrase correspondante.

On voit que les croches de la basse se trouvent à la troisième mesure dans les deux phrases.

4. On appelle période la réunion de plusieurs phrases formant un sens musical bien terminé. Pour cela il faut que le chant et la basse finissent par la tonique au commencement de la mesure. Cependant on peut encore ajouter quelques notes pourvu que la dernière soit la tonique. Ainsi une période peut finir par une de ces mesures.

Au lieu de mettre au chant la tonique au commencement de la mesure pour terminer la période on peut faire une appogiature de cette tonique (voyez la dernière mesure du chant précédent) Dans le cours de la période on peut terminer les phrases au chant par toute autre note que la tonique. Ces phrases ne formant qu'un repos imparfait peuvent être appelées demi-cadences, et la dernière phrase de la période cadence parfaite.

48

5. La première période d'un morceau peut se terminer dans le ton de la dominante (Voyez le N.º 18 Page 17 qui est en SI ♭ et dont la première période finit en FA à la 8.ᵐᵉ mesure) ou dans le ton même du morceau (Voyez le N.º 19 qui est en LA mineur et dont la première période finit dans le même ton à la 8.ᵐᵉ mesure) ou encore dans le ton du 3.ᵐᵉ degré (Voyez le N.º 23 Page 18 qui est en SOL et dont la première période finit en SI mineur à la 8.ᵐᵉ mesure.) La deuxième période d'un chant com _ mence assez souvent par l'accord de 7.ᵐᵉ de dominante du ton du morceau et à peu-près par les mêmes valeurs que la 1.ᵉʳᵉ Les périodes les plus courtes ont rarement moins de 8 mesures, et les plus longues rarement plus de 16 ou de 20. On peut prolonger une période en mettant une autre note que la tonique au chant ou à la basse à l'endroit où il semble que la période doit se terminer. Par exemple le N.º 22 Page 18 aurait pu finir à la 20.ᵐᵉ mesure si j'avais mis au chant la tonique LA ; mais au lieu de cette note j'ai mis un UT, qui a occasioné deux mesures de plus dans la phra_ se qui est pour cela composée de six mesures au lieu de quatre. Après avoir fini la dernière période d'un morceau on peut encore ajouter quelques mesures supplémentaires qu'on nomme CODA. Les coda sont souvent accompagnées par une pédale. Voyez le N.º 60 Page 35 .

6. Il n'y a rien de bien précis sur le nombre de périodes à faire dans un morceau, cela dépend de son étendue et de la volonté du compositeur. Par exemple, un morceau de 16 à 20 mesures peut être formé d'une seule période ou de deux, un morceau de 24 à 30 et quelques mesures peut avoir deux ou trois périodes. Il n'y a pas non plus de règles positives pour savoir en quel ton il faut terminer les différentes périodes du morceau ; seulement, si le mor_ ceau est court, il ne faut pas sortir des tons relatifs ; cependant on peut moduler passagèrement dans des tons éloi_ gnés. Si donc on a un morceau en UT, composé de trois périodes, la dernière finira toujours en UT, ton du morceau, mais les autres périodes peuvent être diversement combinées. Par exemple, la 1.ᵉʳᵉ peut finir en UT et la 2.ᵐᵉ en SOL, ou la 1.ᵉʳᵉ en SOL et la 2.ᵐᵉ en LA mineur, ou les deux périodes finiront en SOL, etc. L'élève devra analyser tous les chants renfermés dans cet ouvrage, pour y remarquer l'application des principes que je viens de donner, c'est le moyen de les comprendre et de se les graver dans la mémoire. Il se rendra compte de la coupe de chaque mor_ ceau qu'on peut énoncer par des formules de ce genre. Le N.º 74 Page 43 renferme trois périodes. La 1.ᵉʳᵉ finit à la 8.ᵐᵉ mesure en MI, ton du morceau, la 2.ᵐᵉ finit à la 16.ᵐᵉ mesure en SI, ton de la dominante, et la 3.ᵐᵉ n'est que la répétition de la 1.ᵉʳᵉ. Remarquez que lorsqu'on veut reprendre le début d'un morceau, on le fait ordinairement précéder d'un repos sur la dominante. Le N.º 23 Page 18 renferme trois périodes, la 3.ᵐᵉ n'est que la répétition de la 1.ᵉʳᵉ avec quelques changements suivie d'une CODA. On passera ensuite aux morceaux des grands maîtres pour les analyser sous le rapport de l'harmonie et de l'enchaînement des périodes ; car pour se former le goût il faut entendre et comprendre la bonne musique.

7. On doit choisir pour accompagner un chant l'harmonie qui paraît la plus naturelle. Quelquefois une phra_ se est fautive parce que les accords n'y changent toujours qu'au milieu de la mesure comme dans l'exemple qui suit :

EX: N.º 1. 

Tandis qu'il est plus naturel que ce changement se fasse au commencement de la mesure comme dans l'exemple N.º 2. Cette phrase a en outre le défaut de ne pas finir en frappant ; mais en mettant les barres de mesure com_ me il suit, ce même exemple devient correct sur tous les points.

EX: N.º 2. 

8. Un morceau de musique est bien différent d'une leçon d'harmonie, aussi y rencontre-t-on des infractions aux règles, par exemple, deux quintes de suite lorsque les valeurs sont brèves, etc. Les parties supérieures de l'ac_ compagnement peuvent faire plusieurs octaves de suite avec la partie chantante comme, par exemple, dans une romance, la main droite avec le chant, mais on les évite presque toujours avec la basse, à moins qu'on ne veuille faire un unisson .

Dans la musique à deux parties on emploie de préférence la tierce, la quarte augmentée, la quinte, la sixte et l'octave. La quarte juste, la seconde et la septième s'emploient rarement si ce n'est comme notes étrangères aux accords. Toutefois ces deux derniers intervalles préparés et résolus selon les règles de l'harmonie sont très usités, dans le style fugué. A trois comme à quatre parties on supprime plutôt, dans les accords, la 5.te que la 3.ce. Voici un exemple à trois parties dans lequel les voix supérieures forment entre elles une harmonie correcte à deux parties, de sorte qu'on pourrait les chanter sans la basse.

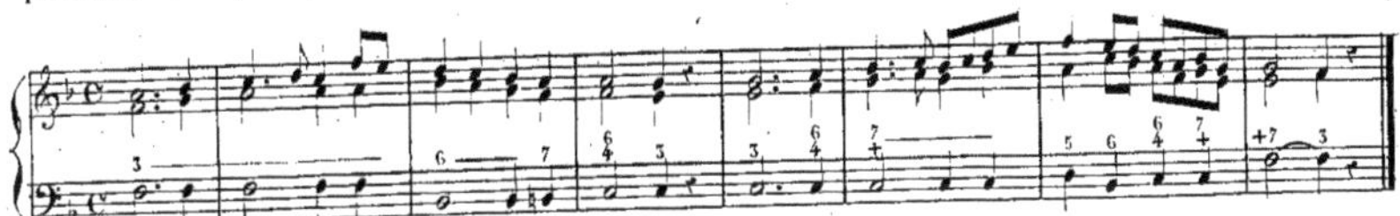

Lorsqu'on commencera à composer on fera bien de prendre pour modèle quelque beau morceau du genre de celui qu'on voudra faire. L'analyse des bons ouvrages sera beaucoup plus profitable que mes conseils et c'est pour faciliter ce travail que je vais donner quelques explications relatives aux instruments.

DES INSTRUMENTS.

9. Certains instruments exigent des explications particulières. Le Cor et le Cornet à pistons ont divers corps de rechange au moyen desquels ils peuvent plus aisément jouer dans les différents tons. On les appelle ton d'UT, ton de RÉ, ton de MI etc: Le ton d'UT signifie que l'UT de l'instrument donne effectivement un UT pour l'oreille; mais il le rend une octave au-dessous de celui qui est écrit. Ainsi cet... donne pour l'oreille avec le ton d'UT . Le ton de RÉ signifie que l'UT de l'instrument donne un RÉ pour l'oreille, une 7.me au-dessous de l'UT marqué. Ainsi cet... donne pour l'oreille avec le ton de RÉ . Le ton de MI signifie que l'UT de l'instrument donne un MI pour l'oreille une 6.te au-dessous de l'UT marqué. Ainsi cet... donne pour l'oreille avec le ton de MI . Dans les tons de FA, de SOL, de LA, de SI ♭, l'UT de l'instrument donne pour l'oreille FA une 5.te, SOL une 4.te, LA une 3.ce, SI ♭ une 2.de au-dessous de l'UT marqué. Le corps de rechange en UT n'existe pas pour le Cornet à pistons dont le ton le plus grave est celui de RÉ. (1) L'étendue de cet instrument est d' mais d'après ce qui précède cette étendue sera pour l'oreille selon qu'on se servira du ton de RÉ, du ton de MI, du ton de FA etc: etc:

10. Si l'on a bien compris ce qui précède, il est facile de voir comment il faut noter le chant qu'on destine au Cor ou au Cornet à pistons. Supposons, par exemple, que le piston jouant avec le ton de FA ait à rendre le chant suivant qui est en UT . Le ton du FA, donnant les notes une quinte au-dessous, il faudra écrire ce chant une quinte au-dessus, par conséquent en SOL, de cette manière: . En effet, ce dernier chant étant rendu une quinte au-dessous au moyen du ton de FA donnera exactement pour l'oreille le chant en UT qui précède. Autre exemple. Si le piston jouant avec le ton de LA doit rendre le chant suivant qui est en RÉ . Le ton de LA donnant les notes une tierce mineure au-dessous il faudra écrire ce chant une tierce mineure au-dessus, par conséquent en FA, de cette manière . Et en effet ce dernier chant

---

(1) Dans un morceau en UT, le Cornet à pistons peut jouer avec le ton de SOL ou avec le ton de FA. Quant au Cor, on lui donne presque toujours pour ton celui du morceau, c'est-à-dire que dans une ouverture en RÉ par exemple, on le fait jouer avec le ton de RÉ.

50

étant rendu une tierce mineure au-dessous au moyen du ton de LA, donnera exactement pour l'oreille le chant
en RÉ qui précède. En un mot pour savoir comment on doit écrire le chant que l'on destine au Cor ou au
piston, il faut regarder si le ton dans lequel doit jouer l'instrument donne les notes une 2de une 3^{ce} etc: au-
dessous de ce qu'il doit être pour l'oreille, transposer le chant une 2de une 3^{ce} etc: au-dessus, en indiquant à
la clef les dièzes ou les bémols nécessaires pour jouer dans ce nouveau ton.

11. Il n'est pas plus difficile de se rendre compte des notes que donne pour l'oreille un chant écrit pour le
Cor ou le Cornet à pistons. Supposons le chant suivant. Ce chant est en SOL puisqu'il y a un # à la
clef; mais le piston jouant avec le ton de SOL le rendra une 4te au-dessous; il faut donc le lire une 4te au-des-
sous, c'est-à-dire en RÉ, comme s'il était écrit de cette manière Autre chant noté pour le piston
Ce chant est en UT puisqu'il n'y a rien à la clef; mais le Cornet à pistons jouant avec le ton de
SI ♭ le rendra un ton au-dessous; il faut donc le lire un ton au-dessous, par conséquent en SI ♭, de cette manière
En un mot pour se rendre compte des notes que donne pour l'oreille un chant écrit pour le Cor
ou le Cornet à pistons, voyez si le ton dans lequel doit jouer l'instrument donne les notes une 2de une 3^{ce} etc: au-
dessous, transposez le chant une 2de une 3^{ce} etc: au-dessous, en mettant à la clef les dièzes ou les bémols nécessaires pour jouer dans ce nouveau ton.

12. Parmi les notes praticables sur le Cor, les unes s'appellent notes ouvertes et les autres notes bouchées; ces
dernières sont beaucoup plus sourdes que les précédentes. Il vaudra donc mieux en écrivant une partie de Cor
pour l'orchestre employer de préférence les notes ouvertes aux notes bouchées. Voici quelles sont à peu-près les
notes que l'on peut exécuter sur le Cor. Les blanches désigneront les notes ouvertes, c'est-à-dire les meilleures notes, et les noires indiqueront les notes bouchées.

Remarquez que les notes ouvertes sont celles de l'accord parfait d'UT, plus le SI ♭ et le RÉ, ce qui forme les
notes d'un accord de 9me de dominante, et qu'à partir du FA # on peut au moyen des notes bouchées faire
une gamme chromatique jusqu'au SOL, excepté le SOL # sur la seconde ligne dont il vaut mieux ne pas se servir.

13. La Trompette a les mêmes tons que le Cor. Le plus grave est celui de LA; il donne les notes écrites une
tierce mineure au-dessous. Les tons de SI ♭, d'UT, etc: vont successivement en montant jusqu'au ton de SOL, qui
rend les notes une quinte au-dessus. Les notes praticables sur la Trompette sont les notes ouvertes du Cor, plus le FA
sur la 5me ligne. Je dois faire observer que pour la Trompette, le Cor, et le Cornet à pistons, plus le ton avec lequel joue l'instrument est élevé, plus les notes du haut sont difficiles à obtenir. Dans les tons graves, ce sont au contraire les notes du bas
qui sortent plus difficilement; c'est pourquoi bien que la Trompette puisse dans les tons graves monter jusqu'à ce
il vaut mieux ne pas aller plus haut que le MI dans les tons de MI, de FA et de SOL, qui sont les tons les plus é-
levés de l'instrument.

14. Le Cor anglais rend les notes une quinte au-dessous.

15. On se sert dans l'orchestre de trois Clarinettes: en UT, en SI ♭ et en LA. La Clarinette en UT, rend les notes
telles qu'elles sont écrites; la Clar^{te} en SI ♭ les baisse d'un ton, et celle en LA, d'une tierce mineure.

16. Le Flageolet rend les notes une quinte au-dessus. Ainsi le chant que l'on destine à cet instrument doit être écrit une
quinte au-dessous, et si l'on veut se rendre compte d'un chant écrit pour le Flageolet, on doit le lire une quinte au-dessus de
ce qui est marqué. (1)

17. La Contre Basse donne les notes une octave au-dessous, et la Petite Flûte une octave au-dessus.

---

(1) Dans la réalité l'effet est une douzième au-dessus. Ainsi l'étendue de cet instrument étant de ces deux notes donnent pour l'oreille
les suivantes à l'octave au-dessus

18. Le tableau suivant indique à quelle clef s'écrit chaque instrument, la note où il peut descendre et celle où il peut monter dans une partie d'orchestre.

MUSIQUE VOCALE.

19. Les notes qui se trouvent sur les portées suivantes désignent à peu près l'étendue de chaque espèce de voix. Le 1er SOPRANO, ou voix haute des femmes s'écrit à la clef de Sol ou en clef d'UT 1re. Le 2me SOPRANO s'écrit aussi en clef de Sol ou en clef d'UT 1re. Son étendue est une 3ce au-dessous de celle du premier. Le CONTR'ALTO ou voix basse des femmes s'écrit en clef d'UT 3me. Son étendue est une tierce au-dessous du 2me Soprano ou une 5te au-dessous du 1er. Le TÉNOR ou voix haute des hommes s'écrit à la clef d'UT 4me. ou à la clef de Sol mais dans ce dernier cas il faut obser-ver qu'un ténor ayant naturellement la voix une octave plus basse qu'un Soprano, rend les notes une octave au-dessous et que par conséquent un ténor qui chante les deux notes précédentes fait réellement entendre celles-ci Le BARYTON s'écrit en clef de FA 4me. Son étendue est une tierce au-dessous de celle du Ténor La BASSE-TAILLE ou voix basse des hommes s'écrit aussi en clef de FA 4me. Son étendue est une tierce au-dessous de celle du Baryton et une 5te au-dessous de celle du Ténor. Lorsqu'on écrit pour les voix, il vaut mieux rester dans le médium en évitant autant que possible les notes extrêmes dans le grave ou dans l'aigu.

---

(1) Le Violon, l'Alto et le Violoncelle peuvent dans les solos monter beaucoup plus haut que je ne l'indique ici.

(2) L'UT qui sert de point de départ aux différentes clefs d'UT correspond à cet UT de la clef de SOL EX:

LEÇONS FACILES AU MOYEN DESQUELLES ON PEUT REPASSER TOUS LES ACCORDS EN PEU DE TEMPS.

LEÇONS SUR L'ACCORD PARFAIT.

MARCHES HARMONIQUES À ÉTUDIER DANS DIFFERENTS TONS.
à trois parties.
à trois parties.
à trois parties.
SUR LES RETARDS.
SUR LES NOTES DE PASSAGE.

PETITS PRÉLUDES.

Ces préludes doivent être appris momentanément par cœur et transposés dans différents tons.

Voici les préludes précédents sans les chiffres. Il faut analyser tous les accords qu'ils renferment, ainsi l'on dira « Cet accord est un accord parfait majeur ou le premier renversement de la 7.ᵐᵉ de dominante de tel ton etc ».

Pour se rendre le travail plus facile on doit toujours chercher la basse fondamentale.

Dans les préludes suivants je n'ai indiqué à la clef de sol que les notes du chant; il faut s'exercer à pouvoir compléter de suite ces accords de manière que le chant soit conservé et l'on retrouvera les préludes de la page 54.

N.º 1.   N.º 2.   N.º 3.   N.º 4.   N.º 5.

N.º 6.   N.º 7.   N.º 8.   N.º 9.

N.º 10.   N.º 11.   N.º 12.

N.º 13.   N.º 14.   N.º 15.

N.º 16.   N.º 17.   N.º 18.

N.º 19.   N.º 20.   N.º 21.

N.º 22.   N.º 23.   N.º 24.

N.º 25.   N.º 26.   N.º 27.

LEÇONS SUR QUATRE CLEFS DIFFÉRENTES.

Je n'ai pas cru devoir composer de nouveaux exercices. J'ai seulement écrit à quatre parties les leçons du cours dont les N.ᵒˢ suivent.

LEÇONS SUR L'ACCORD PARFAIT.

(1)

Nᵒ 1.

Nᵒ 2.

Nᵒ 3.

Nᵒ 4.

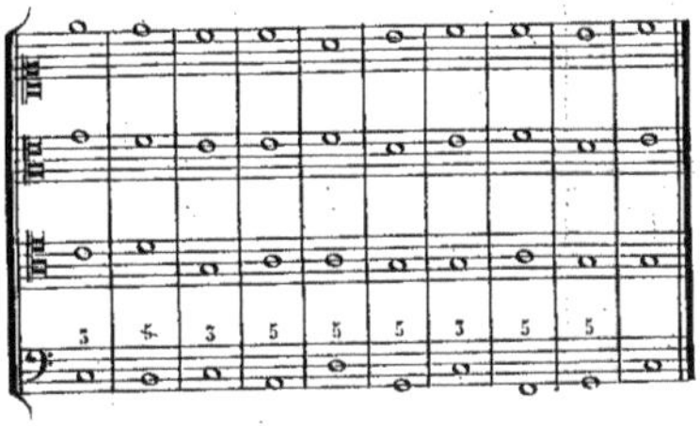

SUR LES RENVERSEMENTS DE L'ACCORD PARFAIT.

Nᵒ 5.

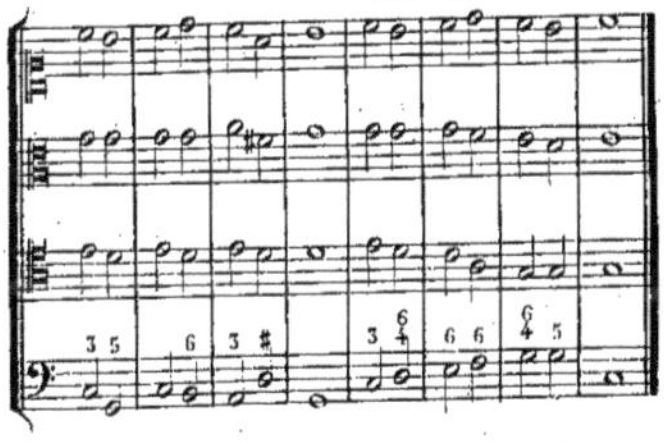

Nᵒ 6.

(2)

Nᵒ 8.

(1) D'après le 2.ᵈ Nota qui se trouve au bas de la page 51 l'accord qui commence cette leçon correspond à celui-ci.

(2) Lorsqu'on ne remplit pas toutes les notes de l'accord parfait il vaut mieux supprimer la quinte que la tierce.

N.º 10.

N.º 11.

N.º 17.

N.º 29.

N.º 30.

SUR LA 7.ᵐᵉ DIMINUÉE.

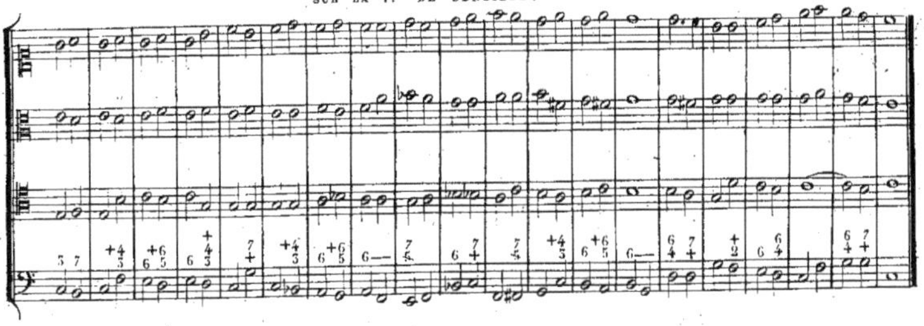

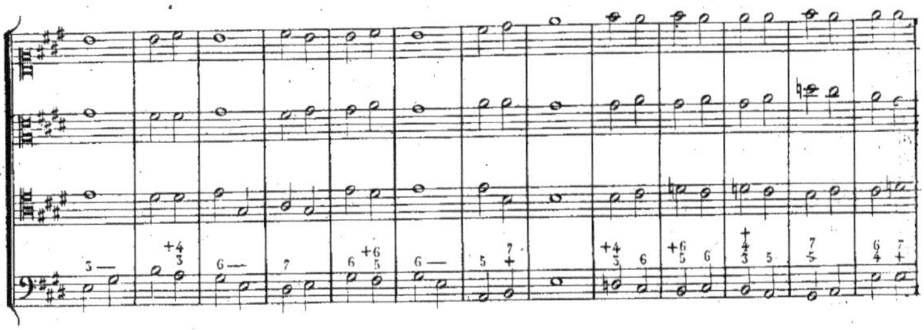

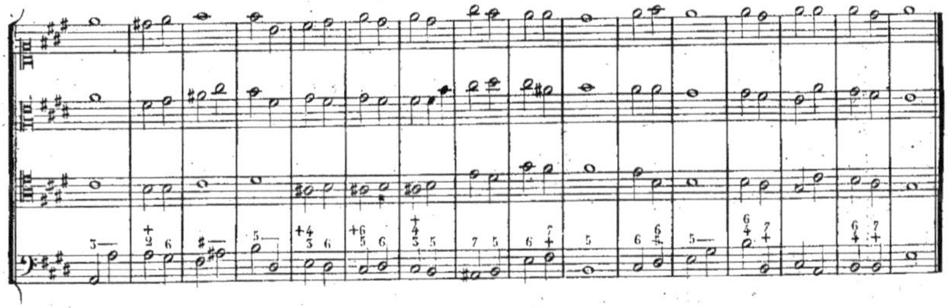

N.º 35.

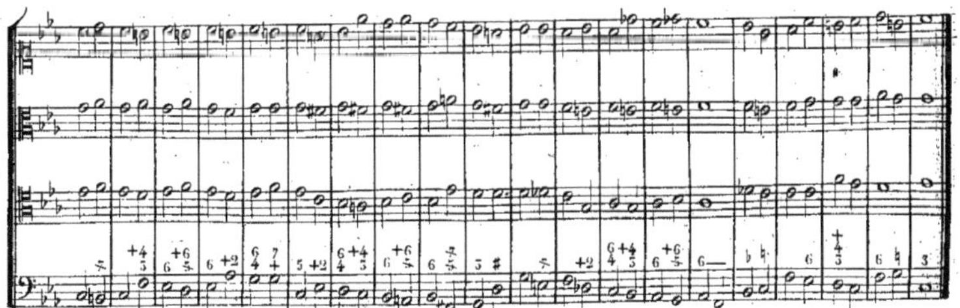

N.º 56.

N.º 58.

POUR EMPLOYER LA 7.me DE DOMINANTE ET LA 7.me DIMINUÉE SUR LA TONIQUE.

N.º 42. 
N. 43.

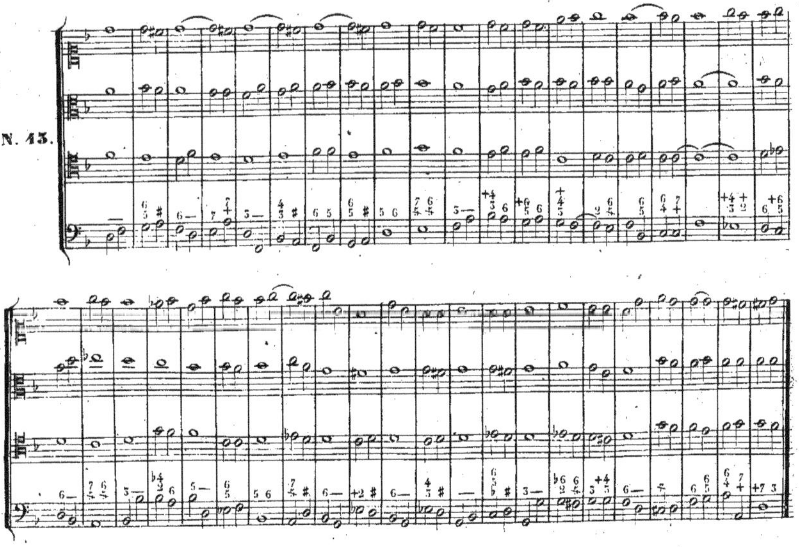

SUR LES ALTÉRATIONS, ACCORDS DE QUINTE AUGMENTÉE ET DE SIXTE AUGMENTÉE.

N° 41.

SUR LES MARCHES HARMONIQUES.

N° 55.

N.º 56.
N.º 58.

N.º 64.

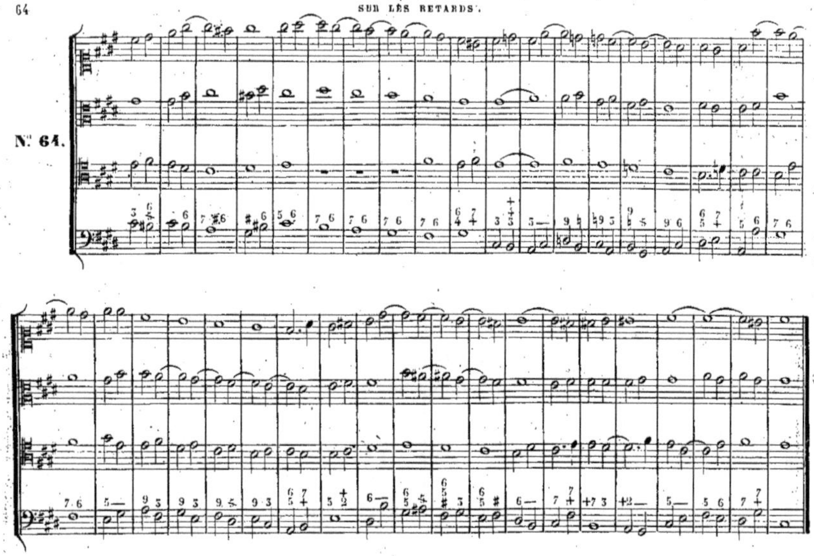

N.º 66.

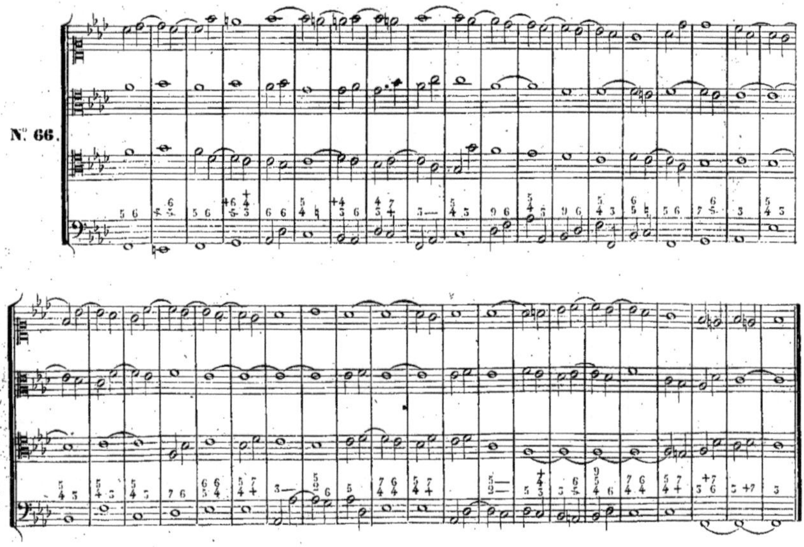

N.º 68.
SUR LES NOTES DE PASSAGE.
N.º 74.

N.º 72.
N.º 75.
N.º 78.
FIN.

TABLE DES MATIÈRES.

Ouvrage du même Auteur MANUEL DE TRANSPOSITION MUSICALE Prix net 2ᶠ 50ᶜ.

www.ingramcontent.com/pod-product-compliance
Ingram Content Group UK Ltd.
Pitfield, Milton Keynes, MK11 3LW, UK
UKHW022130070726
13613UKWH00003B/1309